¿CUÁL es tu
SUEÑO?

¿CUÁL es tu SUEÑO?

JOHN KORSZYK

PENIEL

BUENOS AIRES - MIAMI - SAN JOSÉ - SANTIAGO

www.peniel.com

EDITORIAL PENIEL
Boedo 25
Buenos Aires, C1206AAA
Argentina
Tel. 54-11 4981-6178 / 6034
e-mail: info@peniel.com
www.peniel.com

Diseño de interior y cubierta:
ARTE PENIEL • arte@peniel.com

Corrección de estilo y ortográfica:
Lic. Elisabeth Fernández Volpe
(Contacto: + 1 3239445339)

Korszyk, John
¿Cuál es tu sueno? - 1a ed. - Buenos Aires : Peniel, 2019.
    128 p. ; 21x14 cm.

    ISBN: 978-1-949238-14-3

Impreso en Colombia / *Printed in Colombia*

ÍNDICE

PRÓLOGO

Felicito al pastor John Korszyk por tan oportuno y excelente libro, *¿Cuál es tu sueño?*, repleto de valiosos consejos para todo joven y persona en general que desee sobresalir y triunfar en esta vida. Me encanta el tema principal de la grandeza accesible para la juventud de hoy, que Korszyk incluye en todo este libro. Se trata de un material transformador que será usado para ayudar y producir a una nueva generación de jóvenes vencedores y excelentes por toda América Latina, el mundo entero y en las diferentes carreras en la que ellos elijan invertir sus vidas.

El autor presenta en todo su libro fabulosos consejos de gran sabiduría, usados y probados a través de los siglos, que han transformado a generaciones enteras en triunfadores, y seguirán haciéndolo. Por citar alguno: *"Decide usar los mecanismos del Reino, y Dios respaldará tu decisión acertada de superación continua".*

Conozco a John Korszyk desde hace más de treinta años y siempre se ha caracterizado por buscar y practicar la excelencia encontrada en Cristo Jesús en todas las áreas de su vida: en su familia, en su ministerio y servicio a Cristo, en sus estudios, en su vida personal y en todos los triunfos logrados sus cuarenta años de ministerio. Siempre se ha distinguido por ser un siervo de Dios excelente y ejemplar.

Lo conocí en 1988, en la cruzada cristiana de Long Beach, California, cuando él era el Director de Ministerios Hispanos de la misma. Allí ministramos juntos por seis años, viajando por toda América Latina para impartir seminarios a jóvenes, pastores, políticos, estudiantes universitarios, líderes nacionales y muchos grupos más. En estos viajes ministeriales, pude conocer muy bien al autor, ver su amor a Cristo y a la sabiduría encontrada en la Palabra de Dios. Contemplé cómo el corazón de John siempre ha sido el de ayudar a la juventud a procurar la excelencia y la victoria. Se la pasaba leyendo buenos libros y escribiendo verdades de gran bendición para todos los oyentes.

John y yo nos graduamos del Seminario Teológico Fuller, en Pasadena, California, en donde nos enseñaron a encontrar verdades transformadoras para el mundo actual.

Él las puso en práctica en su propia vida y se convirtió

en un siervo de Dios triunfador, ejemplar, amante del bienestar familiar y deseoso de ver a los jóvenes rebosantes de todas las bendiciones que Dios tiene para esta nueva generación.

Este libro es una joya que debe ser descubierta y leída por toda la juventud en todo el mundo. Será usado por Dios para bendecir y transformar a millones de jóvenes que se convertirán en triunfadores en todos los sueños y los proyectos que emprendan. Cada padre, maestro y líder juvenil deben asegurarse de que sus jóvenes e hijos lean la sabiduría contenida en esta obra, que recomiendo a aquellos que deseen disfrutar de la excelencia que Dios tiene para todos ustedes.

Te felicito, John, por dejarte usar por Dios y por el Espíritu Santo para escribir estas hermosas y poderosas verdades bíblicas, que serán herramientas de Dios para la transformación de millones de jóvenes en el mundo.

Tu amigo y consiervo en el servicio a Cristo,

—Dr. Sergio Navarrete
Vicepresidente de la Fraternidad
Mundial Hispana de Asambleas de Dios
Superintendente del Distrito Sur Pacífico
de Asambleas de Dios en EE. UU.

INTRODUCCIÓN

Hace algún tiempo, en una escuela secundaria, impartí una serie de charlas con el fin de que los oyentes —de manera más o menos directa allí, y en otros centros de estudios—, pudieran superarse en el área vocacional. Es decir, que los estudiantes fueran motivados a descubrir el potencial que cada uno de ellos tiene y así ser capaces de aprovechar la educación que recibían.

¡Eso es lo que todo joven necesita para contar con la posibilidad de triunfar!

Por lo tanto, ansío que estos consejos sean aplicables a todos, fácilmente accesibles de cara al futuro y los ayuden a lograr sus metas y cumplir su sueño en cada nuevo desafío; que puedan aprovechar el aprendizaje, la enseñanza y la exposición que han recibido.

Lo que comparto a continuación es el resultado de un intercambio de las experiencias de estudiantes y maestros, de los diferentes métodos que se utilizan para calificar y rendir cuentas, y que permiten desarrollar técnicas que promuevan un mejor uso de la inteligencia a la hora de estudiar. Muchas veces oímos decir: "El conocimiento es poder", pero no necesariamente es así. Quien entiende esto, entiende que en realidad ¡el conocimiento aplicado es poder! Por eso es vital que se observe que en este contexto, el conocimiento que no ilustra, tampoco ayuda en cuanto a lo intelectual.

Quiero introducir tres calificativos básicos, los cuales iré desarrollando a través de todo el libro: **ser excelentes, ser sobresalientes y ser distinguidos.** Voy a ir trabajando sobre cada uno de estos conceptos, que tienen un significado especial para la educación, y los voy a ir relacionando para que te quede claro cuál de ellos quieres alcanzar en tu propia vida.

Tener claridad te impulsará a ser productivo, a trazarte tus propias metas hacia lo que deseas conseguir y el propósito de vida que tengas. No creas que es algo impracticable hoy, en la época en que se vive; ya que lo necesitas para lograr lo mejor en la vida, está en ti.

Como dijo el rey Salomón: *"Todo tiene su tiempo"*, *"Hay un tiempo señalado para todo, y un tiempo para cada suceso"*, así hay un tiempo señalado para todo, y hay un tiempo para cada suceso (Eclesiastés 3:1).

Un amigo que leyó una porción de este manuscrito me escribió lo siguiente:

"Hay cosas que fueron puestas en este mundo para adornar, para servir de fondo, pero que están destinadas a desaparecer un día. No tienen ni la habilidad, ni la posibilidad de crecer nunca en nada. El hombre, por el contrario, ha sido creado para crecer siempre en todo".

Amado lector, este libro está escrito por secciones y en cada una de ellas, se enciende la luz de las posibilidades que existen para todos. Pongo énfasis en esto, porque mi preocupación es y siempre será que puedas alcanzar tus metas.

Voy a compartir contigo lo que puede ayudarte a superar tus limitaciones, lo que a veces, llamamos "mediocridad." En cierto punto, considero que lamentablemente la mediocridad es y siempre será la consecuencia de no cultivar la lectura. Esto es especialmente cierto debido al poco esfuerzo que se hace en los estudios.

Para interpretar la realidad de cómo tú ves el mundo, espero que puedas tener una mente abierta. Como maestro puedo decirte que para obtener niveles superiores de comprensión debes mejorar el tiempo de lectura, estudiar mucho más el material, leer una gran cantidad de páginas y aceptar los demás retos que propone el ritmo académico para que el rendimiento no sea por debajo del promedio en los requisitos para la clase; que asumas ese compromiso dejará planteada la determinación que te permite soñar; pero no se logra si tienes una actitud negativa en relación a cómo ves la vida.

¿Cómo salir de eso? Estableciendo una mentalidad pro activa, esto es, decidiendo tomar notas que sean prácticas y que puedan aplicarse: esto hará que tu actividad y tu experiencia vayan en aumento, y por supuesto, que seas cada vez más inteligente y te sientas mejor.

Quien recibe una guía así para ser disciplinado, es motivado a soñar con convertirse en un joven que aprenda a ser sobresaliente para formalizar su integridad con determinación y ser consecuente con sus objetivos y metas. Las pruebas y las experiencias vividas son parte del proceso para seguir creciendo.

Mantén viva tu esperanza, decide luchar; con esa actitud todo lo demás será añadido y llegarás a ser un joven estudioso y lleno de sueños. Te darás cuenta de que esto no es tan complicado como parece, pues has encontrado conocimiento en tus lecturas regulares del libro de la sabiduría, la Palabra de Dios, la cual te fortalece y hace que avances hacia el horizonte deseado.

En tu trayectoria verás que tus criterios propios pueden

someterse a consideración teniendo una mentalidad abierta y permitiendo que otros puedan aportar con sus experiencias, detalles que puedan enriquecer la tuya.

Agradezco con toda mi alma a las personas que me brindaron apoyo y participaron en la corrección de este texto. Desde que escribí *¿Cuál es tu sueño?* hasta ahora que es publicado, todo el proceso superó mis expectativas.

Mi deseo de escribir este libro surgió a partir de conversaciones con muchos jóvenes y luego de escuchar cuáles eran sus inquietudes, que problemas les impedían lograr superarse en el ámbito académico, espiritual y social. Yo sé que lo volcado aquí les llevará a mayores éxitos.

Es evidente que lo único que mantiene en crecimiento a las instituciones educativas, son los estudiantes satisfechos y esmerados. Sin embargo, el texto que estás leyendo tiene el objetivo de inspirarte a ponerlo en práctica y que acrecientes tu deseo de mirar un horizonte lleno de esperanza. Mantén vivos tus sueños porque es la única manera tener éxito en medio de la adversidad.

Deseo que sigas superándote y que hagas valer tu tiempo en la disciplina académica, en la amistad, en el noviazgo y el matrimonio como el joven excepcional que eres.

LA DISCIPLINA PERSONAL

"En un breve lapso de tiempo, tu carrera y tu
sueño cambian tu mentalidad"

En toda esta cuestión el énfasis está puesto en ganar la batalla contra ti mismo, ya que solo así puedes desarrollar un carácter firme y balanceado aplicando una disciplina que te anime a seguir adelante, que continúes visualizado el ejemplo e imitando a los que no pierden el toque humano, lo que significa una entrega total para que los proyectos que anhelas se lleven a cabo.

Así lo escribió el teólogo católico, John Newman: "No

temas que tu vida tenga un final, sino que nunca tenga un principio".

Por eso pretendo implementar algunas acciones correctivas tomando algunas definiciones y ejemplos bien notables del soñador, que no permite que lo paralicen "en el dormir", sino que "despierta" en sus emociones dando rienda suelta a la creatividad. Pues una parte importante del proceso es justamente la creatividad y estar seguro de hacia dónde vas. Esto lo descubrirás a medida que avances ya que solo tú puedes decidir quién entra y quién sale de tu vida.

Es necesario hacer una búsqueda de cuáles son los objetivos personales: cada uno sabe dónde comenzó todo su esfuerzo y hacia dónde avanza la actividad que desarrolla en función de lograr su plan de vida. Una vez que puedes visualizarlo, avanzas con más pasión hacia adelante desde tu punto de partida y con el título obtenido en la mano podrás comenzar un recorrido emocionante: lograr las metas que te propongas con la confianza de ofrecer un rendimiento óptimo y con la humildad de aprender de otros, como también a recibir críticas constructivas que te ayuden a optimizar lo aprendido.

¡Esto es un anticipo de lo que viene!

Es una buena oportunidad para reconocer que estás

prefiriendo la posibilidad del estímulo y tu deseo para hacer bien la tarea, y de ahí ser optimista para mejorar tus calificaciones.

Se puede pues asegurar, que cada uno está frente a frente con una oportunidad única para demostrar su disciplina, su esfuerzo e interés personal. ¡Vas en camino al éxito! ¡Qué tremendo desafío!

Cada uno mediante sus propios esfuerzos puede tener buenas expectativas y calificaciones por su trabajo.

A todos los estudiantes se les exigen muchas tareas, existe una abundancia de trabajos polifacéticos. Pero ahora tú tienes la oportunidad de ser mejor que el resto, de ser distinguido cuando se despierta en ti la creatividad. Es probable que estés entre los que se dan cuenta de que es necesario prepararse, que de lo contrario, si tienes bajas calificaciones te quedarás sin privilegios.

Yo confío que Dios te mostrará aquello que promueve la preparación y la acción de tus propios sueños. Hay que hacer una distinción entre lo que significa que algo nos resulte bueno o que termine siendo verdaderamente excelente. Y conquistar esa excelencia para nuestra vida. Lo que he observado en los años trascurridos es que los alumnos después de graduarse se rehúsan a seguir preparándose en los desafíos propios de la carrera para vivir a la altura del potencial que el Señor puso en sus vidas. Por eso, quiero compartirles mi experiencia que los llevará a establecer un cuadro de cómo era mi realidad como persona y como estudiante. Creo que lo más importante no es ganar ni acumular dinero, sino que a través de cada uno, la presencia de Dios se manifieste; siendo genuino, real y auténtico.

Algunos jóvenes pueden expresarse en forma negativa sobre sus carreras porque no se interesaron ni en sus facultades ni en sus posibilidades. No son aficionados al desafío. Con esa experiencia de aprendizaje, ¿no han cambiado aunque sea un poco? Si salieron reprobados, ¿eso no los motiva a obtener la aprobación? ¿Cómo eres ahora? ¿Notaste algún cambio en tu persona a partir de haber tomado alguna clase o aprendido algún tema nuevo? Tal vez despreciaste a tus maestros o no apreciaste el contenido de las materias que eran necesarias? Bueno, siempre habrá alguien que no valore lo que se enseña en el momento, pero hoy debo advertirte: si quieres evitar en el futuro fracasos académicos, no seas indiferente. Quizás hoy la respuesta tuya sea: "Creo que la transformación fluirá en forma natural y sin esfuerzo en mi propia vida y en mis tareas, aunque sé que voy a cometer errores". Creo que te equivocas. Piénsalo bien; no lograrás nada mientras vivas con un sueño a medio realizar. Hay mucho camino por andar, y debes hacer tu propio vuelo. Es valioso reconocer la capacidad natural que uno tenga "siempre y cuando" no sea inefectiva.

El psicólogo Abraham Maslow dijo acerca de la ley de instrumentos: "Cuando tu única herramienta es un martillo, todos los problemas parecen un clavo". Debes de estar atento porque tú vives en un tiempo fascinante en lo que respecta al aprendizaje y hay una enorme variedad de "herramientas" o instrumentos que puedes emplear.

En mi rol de motivador les llevé a considerar el modo de pensar como algo importante, prepararse en diversos aspectos para tratar de comprender o escoger los diversos recursos académicos a favor de cada uno; y decidir qué camino seguir, en que forma llegar a ser excelente. Un estudiante puede decir que "se recibió", "que se graduó", pero el grado y los títulos que obtuvo y también las credenciales, son el comienzo del desarrollo, porque recién en ese momento está en posibilidad de obtener lo que había anhelado. Pero muchos no lo consiguen por albergar sentimientos confusos y desalentadores. Ten paciencia, no te des por vencido si no lo has logrado todavía.

Por lo tanto, desde el punto de vista de la labor educativa, animo a los estudiantes a no perder el tiempo en cosas sin sentido, vacías, ambiguas, que no aportan nada. El tiempo es lo más valioso que tienes y no te debes dar el lujo de perderlo. Ser creativo es lo que necesitas y tomar en cuenta al maestro en cuanto a creatividad: a Jesús, por medio de quién todas las cosas fueron hechas. Precisamente, a causa o mediante este "Maestro" puedes ser transformado en alguien distinto, pues Él, como nadie, te ama. Esta convicción te permite poner a Dios como una prioridad en tu vida, por el deseo de corresponder a ese amor. Y sabiéndote valioso, puedes encarar los objetivos que te propongas y ser beneficiario de una conducta y cualidades excelentes. Los que aceptan a Jesús como su Señor saben que pueden contar con la victoria de Cristo en todas las áreas de sus vidas.

Él tiene un propósito y si le eres fiel, te proveerá los recursos para que puedas desarrollar tu carácter y afrontar la vida. Él pone en ti la visión correcta para que te desarrolles tanto en lo personal como en lo vocacional, para que puedas servir a otras personas con amor y motivaciones puras, y que tu calidad humana en la vida diaria sea superior.

Cuando leemos en los evangelios la vida de Jesús, lo

escuchamos decir: *"Yo públicamente he hablado al mundo"* (Juan 18:20) Hoy Dios nos sigue hablando en forma personal y cada uno de nosotros puede ir a El en toda situación en busca de respuestas.

Cuando a mi esposa y a mí nos invitan a dar conferencias como ya les dije, nos proponemos compartir nuestras experiencias con sinceridad, con la esperanza de que esto anime a la juventud a seguir adelante con sus sueños de superación académica. En síntesis, si defines tus motivaciones de forma adecuada y te decides a tomar el camino de la excelencia dentro de la voluntad de Dios, te espera un futuro promisorio.

Lo lograrás mediante tres pasos claves:

Uno: la excelencia.

Dos: tus sueños, encaminados en el propósito de Dios para ser sobresaliente al estar dotado de un genio sobresaliente para ser creativo.

Tres: distinguirte, pues sabes quién eres sin tener que competir para ser o aparecer como superior a los demás, sino destacar en aquello que si está en ti.

Por supuesto, debemos hacer una distinción entre lo que es bueno y lo que es malo, sin embargo, nuestro énfasis tiene que ver con las cualidades que definen e impulsan la aspiración de la verdadera influencia. Para mí, esto va para todo aquel que se distingue en el trato con los demás.

También, puede depender del respeto a todos y es cuestión de clase, algo que se establece en personas que se caracterizan por su integridad y lo auténtico de su creatividad.

Esto ayuda a que se cumplan los sueños que están relacionados con las calificaciones que se logran por la "educación explícitamente transmitida" y bien ofrecida por los profesores. En todas las épocas existieron personas que estudiaron siendo conscientes de que debían tener iniciativa y los ayudó entender que su capacidad intelectual mezclada con su iniciativa mejoraba o aumentaba sus posibilidades de éxito.

La paráfrasis del texto bíblico que menciono a continuación te dará una orientación acerca del plan de acción a seguir; y si eres un joven con motivaciones puras, podrá ayudarte a desenvolverte mejor tanto en el plano vocacional como espiritual:

"Dios se ha manifestado para favorecer a las personas con una nueva oportunidad de relacionarse con Él, enseñando que dejen la impiedad y sus malos deseos, viviendo con buena actitud, en justicia y con piedad. Para conseguirlo,

Jesucristo se manifestó desde su gloria divina y se presentó a sí mismo en favor del ser humano como SALVADOR y redentor individual para tomarnos como su propio pueblo".

TITO 2:12 14 (parafraseado).

Es preciso comprender que no importa con lo que cuentas, o donde te tocó nacer, lo importante es entender que tienes que vivir la vida en una forma que sea agradable a Dios, no solo a ti mismo. Por eso necesitas tomar recaudo desde joven; por un lado elegir aquello que sea a la larga constructivo para ti, por otro, adelantarse o prevenir aquello que pueda arruinar el plan que tengas.

Por eso te propongo aprender a distinguir, a entender y a practicar; y espero haber despertado en ti el interés suficiente para que sigas leyendo.

Con el uso de estos conceptos podrás hacer una lista que te muestre que es lo que tienes que hacer para llegar a la excelencia en todo lo que hagas. De otra manera, perderás tu tiempo en cosas vanas sin encontrar nuevos modos de pensar que te lleven a establecer el qué, el porqué y el para qué de lo que estás haciendo. Y aplicando estas herramientas llegarás a ser con el paso del tiempo una persona sobresaliente.

Como cristianos somos hijos de luz, santos y no puedo dejar de enfatizar la importancia de los valores morales, en una sociedad que va en creciente degradación moral. Como personas de influencia donde quiera que nos encontremos, debemos ser ejemplo. Nuestra vida será de impacto a muchas personas. En ese aspecto todo lo relativo a la amistad, el noviazgo y matrimonio se revisten de una importancia primaria y una buena o mala elección puede llevarte al éxito o al fracaso rotundo.

Por eso, "mantente atento a lo que te es de conveniencia, según el objetivo que te hayas planteado y decídete a desempeñar tu profesión con la mayor efectividad posible".

Hay muchos factores que intervienen para que seas un ganador. Una de ellas es enfrentar la vida con una actitud vencedora y lidiar con el miedo o el temor al fracaso. Quizás al ser joven, sea uno de tus primeros desafíos, pero no te asustes, se trata de revisar los sentimientos, los pensamientos y las acciones.

Dentro de las técnicas que puedes usar, el visualizar o actualizar los objetivos que tengas te puede ser útil, si son fantasiosos o realistas y la forma en que me percibo y me conduzco frente a los demás. La vida social es sumamente importante cuando se trata de los jóvenes y muchas veces los he escuchado decir que, el sentirse aceptados, les cuesta mucho en el tiempo de la universidad. No solo tienen que enfrentar los desafíos académicos sino la presión de ser rechazados por sus pares. Otras veces son las exigencias de los temas que deben estudiar los que les provocan ansiedad y vienen a pedirme consejo.

Por lo tanto, las relaciones juegan un rol importante y si el joven encuentra que es parte de un equipo integrado, si tiene lazos fuertes con sus compañeros, le será más sencillo lidiar con la competencia que se genera en estos ámbitos. No es "una dosis instantánea de valor" lo que necesita, sino sentirse capaz de desenvolverse con tranquilidad y poder responsabilizarse a lo largo de la carrera, lo que va a exigir que se concentre y se esfuerce; por eso, como en una práctica previa a un partido, el joven debe entrenarse. Recuerda, la virtud del esfuerzo es el secreto de un súper triunfador: juega en tu plantel (equipo) y no pierdas un pase, atiende a la posibilidad de estar en el momento preciso.

Quiero poner énfasis en lo siguiente: la época de la juventud es el momento en el que podemos integrar nuestra educación con la formación de nuestro carácter. Es el momento de tomar decisiones que nos lleven a ser personas que nos distingamos de las demás, que nos propongamos ser diferentes, distinguidos, cabales, firmes y seguros de nuestros objetivos, de una calidad humana excepcional. La buena noticia es que con mis recomendaciones y si pones en práctica los conceptos que desarrollo en este libro, ¡lo lograrás!

Recuerda lo que estuvimos planteando al comienzo: una cosa es ser excelente, otra ser sobresaliente y otra muy distinta, es ser distinguido en lo que hagas.

Si prestas atención a lo que te propones ¡llegarás a ser esa persona! Verás los beneficios de poner en claro tus sueños.

Existen algunas claves para distinguir las opciones que son reales para que podamos aprovecharlas. Recuerdo que leí un folleto que apareció en los Estados Unidos.

El Servicio Postal de Inspección hablaba de ciertas precauciones que uno debía tomar para no ser víctima de estafas o fraude. El folleto decía que desconfiáramos de las siguientes situaciones:

Si algo suena demasiado bueno para ser verdad.

Si te obliga a actuar "de inmediato".

Si te garantiza el éxito.

Si te promete retornos inusualmente altos.

Si requiere una inversión inicial, incluso para un premio "garantizado"

Si los compradores también quieren pagarle por un artículo y le hacen enviar la diferencia.

Esto no tiene aspectos de un negocio real.

Hay algo que simplemente no está bien.

Editado por GUY J. COTTRELL

CHIEF POSTAL INSPECTOR

U.S. Postal Inspection Service ATN. Mail Fraud.

(Traducido del inglés)

No se trata de buscar estrategias sucias para manipular y obtener lo que deseamos. Los efectos del engaño y las formas sucias del fraude son nefastos.

Todo lo que hagamos, debemos hacerlo con amor y valorar el hecho de que Dios nos ha dado todos los talentos y capacidades que tenemos y que si logramos el éxito, será porque El mismo puso en nosotros la excelencia necesaria y a través de las circunstancias y retos que tengamos que afrontar, El pueda ver si somos capaces de obedecerle, de asimilar sus enseñanzas y de serle fieles. Dios quiere que crezcamos en fe y en la seguridad de lo que somos y procuramos, hasta convertirnos en personas triunfadoras.

Muchos años atrás el Rey David lo expresaba en un salmo:

"No te irrites a causa de los malhechores; no tengas envidia de los que practican la iniquidad. Porque como la hierba pronto se secarán. Y se marchitarán como la hierba verde. Confía en el SEÑOR, y haz el bien; habita en la tierra, y cultiva la fidelidad. Pon tu delicia en el SEÑOR, y Él te dará las peticiones de tu corazón. Encomienda al SEÑOR tu camino, confía en Él, que Él actuará, hará resplandecer tu justicia como la luz, y tu derecho como el mediodía. Confía callado en el SEÑOR y espérate con paciencia; no te irrites a causa del que prospera en su camino, por el hombre que lleva a cabo sus intrigas. Deja la ira y abandona el furor; no te irrites, solo harías lo malo."

—SALMO 37:1-8.

Por eso, en la medida en que conocemos cómo es Dios, vemos que a veces Él guarda silencio durante la prueba, observándonos para ver si Él sigue siendo nuestra prioridad y si le tenemos plena confianza.

Permíteme ser bien claro en cuanto a los tres pasos mencionados antes hacia la excelencia:

Primer paso: Porque tienes en tu ser de parte del

Creador habilidades innatas, debes profundizar en ello tú mismo. ¿Recuerdas el ejemplo de José? El hijo de Jacob (Israel) interpretó acertadamente los sueños del panadero y del copero de la corte real; y hallándose sorprendido el Faraón de Egipto, exclamó: - *"¿Acaso hallaremos a otro hombre como éste, en quien repose el Espíritu de Dios?"* (Génesis 41:38-39).

La excelencia en el proceder de José y su confianza y fidelidad a Dios lo llevaron a compartir el palacio y el gobierno de Egipto. Recibió la corona y el cetro de parte de la suprema autoridad y se convirtió en el hombre de mayor rango político en el imperio egipcio, después del propio Faraón.

El segundo paso: permite que los sueños de Dios sean manifestados en ti, así como le sucedió a José y a mí. Debido a que tus anhelos contienen pautas que se revelan como posibilidades y están muy dentro de ti, trata de identificarlos y no les pongas freno porque tu situación actual no sea la mejor, sino permite que tus aspiraciones tengan alas. No pierdas de vista que el objetivo final es que cada uno llegue a ser sobresaliente y para ello no tienes que ponerle freno a lo que desees alcanzar.

Y el tercer paso: anímate a ti mismo, tienes que poner empeño en definirte en cuanto a los objetivos que quieres lograr con el propósito de distinguirte y ser reconocido en lo que desempeñes. Para ello, tendrás que pensar, leer y escribir más. No te conformes hasta que lo bueno se haya convertido en algo mejor, y lo mejor, en excelente.

Esto demanda que seamos creativos y que mantengamos la mirada hacia adelante, determinados a vivir de forma tal, que sobresalgamos de entre lo común. Es lo que hace posible que los sueños se hagan realidad. Para este fin, tendrás que tener una mente abierta para apreciar tus capacidades y talentos personales.

Entonces, decídete a ser mejor cada día, y luego les contarás a otros cómo lo lograste.

A medida que atraviesas la edad de la adolescencia, superas tu timidez y te irás abriendo a la posibilidad de tomar la dirección de tu vida de forma responsable y de encontrarle gusto a tener logros en cuanto a la forma de expresarte y las actitudes que te hagan sentir más cómodo. Va germinando en tu mente y en tu corazón aquello que deseas para ti, luego sientes deseos de compartir y de esparcir tu fragancia, y dondequiera que vayas, tu personalidad se va a revelar. Puedes tener la fe puesta en que en Jesús y dependiendo de Él, lograrás todo lo que te propongas. Desarrollar una relación íntima con Jesús te hará una persona extraordinaria. Y ver resultados positivos en la vida es lo que todos queremos. Mirar para atrás, con el paso de los años y comprobar que hemos tenido una vida de logros que tengan valor.

Esta vivencia tiene una connotación espiritual y es necesario entender a través de las Sagradas Escrituras que todas las buenas dádivas vienen de lo alto, de nuestro Dios.

Que Dios te anime con lo que Él dice en el Antiguo Testamento por medio de Jeremías 29:11:

Porque yo sé los pensamientos que tengo de ustedes, dice Jehová, pensamientos de paz y no de mal, para darles el fin que esperan.

Así es Dios, nos busca y está cercano para enseñarnos y que lo asimilemos como algo excelente, sobresaliente y distinguido.

El día de tu graduación será un momento inolvidable, para disfrutar en lo íntimo, sabiendo que se están confirmando en ti, aquellas cualidades que te permitirán cumplir el rol o la función para la cual te has preparado. Son talentos que se te han otorgado y parecen naturales en ti, pero han sido puestos ahí por quien te creó, sin menospreciar a aquellos que han aportado para tu crecimiento dándote la oportunidad de crecer. ¡Tu familia y tu mismo merecen que tengas buenos resultados!

Dios es la única vía de acceso al éxito, es grandioso caminar con El. Necesitas entonces dejar de lado "las cosas absurdas", aquellas que te distraen y estorban para alcanzar el fin que deseas.

En los capítulos que siguen, te daré algunas ideas de como puedes ir ganando excelencia, distinción y sobresalir en cada área de tu vida.

LOS SUEÑOS SE HACEN REALIDAD

Cuando uno es joven tiene muchos sueños. La buena noticia es que muchos de ellos pueden hacerse realidad. Si caminamos con Jesús, él te lleva a una vida abundante pues tiene un futuro promisorio para cada uno, y puedes ser transformado y avanzar de nivel en nivel, de acuerdo al grado de madurez que vayas logrando.

Lamentablemente me apena decir que muchos jóvenes viven la vida sin tener en cuenta a Dios. Pero aquellos que si lo hacen, tienen conciencia de que Dios los ha creado y conoce lo que puedes lograr. Y si no comprendes completamente que espera de ti, puedes acudir a la Biblia, que es como un manual que te permite encontrar directrices que te guiarán y te desafían a avanzar con esfuerzo y dedicación. Tendrás a tu disposición poder espiritual, sabiduría, consejos y referencias, respuestas a tus preguntas existenciales y una guía para llegar lejos en tu afán de conquistar la excelencia.

Veamos un ejemplo en el libro de Proverbios:

"Oigan hijos la enseñanza de su padre y pongan atención para aprender cordura. Adquieran sabiduría e inteligencia sobre todas sus posesiones."

Los jóvenes encuentran que el libro de Eclesiastés habla acerca de lo "absurdo", lo insignificante y lo vano; o sea, cosas que no tienen importancia (hay que evitar la práctica de cosas absurdas y las profanidades). La palabra "absurdo" se menciona alrededor de 35 veces en el libro de Eclesiastés:

"El descuido de los que desprecian la sabiduría y la enseñanza consistente, no toman en cuenta a Dios, porque la sabiduría es el respeto y reconocimiento de Dios y de sus enseñanzas". (Extracto de Proverbios, capítulos 1 y 4).

Fuiste creado para que te ajustes a las directrices del Creador:

"El principio de la sabiduría es el temor del SEÑOR; y los insensatos desprecian la sabiduría y la enseñanza"
—PROVERBIOS 1:7.

Dios quiere que tengas:

"Sabiduría ante todo, adquiere inteligencia"
—PROVERBIOS 4:5.

-*"Dime a quién amas, y te diré quién eres"*- dice el proverbio criollo. Pero también digo: *"Las verdades bíblicas son los principios por los cuáles Dios gobierna nuestras vidas"*. Todo el patrimonio cultural, con la idiosincrasia y el respeto que debemos a nuestros antepasados, tienen origen fundamentalmente en la Palabra de Dios. Hay principios con bases definidas y podríamos llamarlas "de fe universales". Por ejemplo; la institución del matrimonio es para muchos aceptada como un contrato civil; para los cristianos es un vínculo profundo, en base a un pacto matrimonial y en el que cada parte, al hacer sus votos se compromete a amar al otro, a cuidarlo y serle fiel y que trae una bendición mutua y debería tener los mismos beneficios para ambas partes. Pero, por la heterogeneidad de las culturas que existen en el mundo, vemos que algunos valores del patrimonio cultural van en camino a la desaparición pues no son los caminos que tenían nuestros antepasados, padres y abuelos.

Los planes y destinos de las personas tienen variables; nada es aburrido o sin sabor. La vida es activa, continua; nuestros pensamientos, actitudes y acciones van siendo transformados, a medida que dejas que la Palabra de Dios te renueve y te vaya alejando del temor. Puedes hacer frente a las pequeñas frustraciones y encontrar ánimo para no desistir y no quedarte en la mitad del camino a la realización de tus sueños. Sabemos que ninguna persona quiere eso. Por lo tanto, no te desanimes si ves que no has alcanzado mucho todavía. Sigue avanzando determinado a obtener logros y reconoce que en medio de las crisis y momentos de debilidad, muchos han logrado sobresalir y destacarse.

El Reino de Dios tiene sus propios recursos y Dios te respaldará si estás decidido a superarte. El poder del mismo Dios está a tu alcance y disponible para ti a la hora de servirle con pasión y con los medios que tienes.

Si dejas que la Palabra de Dios te transforme, no te

conformarás con ser de una calidad mediocre, el cuál es un mal que aqueja a muchos, en su forma de pensar, sentir y vivir. No determinan lo que es correcto en su interior y por lo tanto vagan en los caminos vacíos del espíritu. Pero si has decidido seguir el camino de la excelencia, tus valores serán otros: el de ser humilde y considerar a las demás personas como seres valiosos también. Cada uno tiene que mantener un elevado sentido de la vida sin caer en menospreciar lo que tiene pero tampoco enorgullecerse, sino ser ecuánime, teniendo de si un concepto sano.

Puede suceder también que a causa de tu inexperiencia, no te animes a enfrentar los desafíos, creyendo de antemano que vas a fracasar. No es fácil para algunos de nosotros creer que podremos mantener un alto nivel de desempeño.

Lo que quisiera decirte es que la mejor forma de no caer en frustración es prepararse bien, disponerse a aprender y a estudiar, organizarse, tratar de ser útil y dispuesto a obedecer a Dios y a tus maestros. Dios te ha provisto de capacidades en lo físico, lo intelectual, en lo moral y espiritual. Estás capacitado para ayudar a otros.

|Recuerda a José, el que interpretó correctamente los sueños del Faraón de Egipto. Se armó de valor, y la primera batalla que ganó fue la batalla contra él mismo

porque tuvo que eliminar toda timidez de su corazón para ayudar a los demás. Tienes habilidades personales que puedes poner al servicio de los otros, entre ellas, tu capacidad de amar. Siempre somos desafiados a servir a las personas y no vivir solo para nuestro placer. El servicio al prójimo nos proporciona un sentido de plenitud y eleva nuestra autoestima. Nos sentimos útiles y nos sentimos satisfechos, aún más, si las personas reconocen nuestro apoyo incondicional y se dan cuenta de que somos sinceros. Estas cualidades surgen porque obedecemos a Jesús y estamos dispuestos a brindarnos renunciando a nuestro egoísmo, al deseo de imponernos o competir con el otro.

Dios premia nuestra obediencia, permitiéndonos alcanzar aquello que le agrada y plasma en nosotros sus cualidades. Es una activación efectiva de los valores del Reino en nuestra humanidad, y se convierte en el proceder natural de quien le cree a Dios. Mientras vas avanzando, tienes que pensar cuáles serán los pasos a seguir.

Así lo hizo David en su memorable victoria contra el gigante Goliat.

"Tú vienes a mí con espada y lanza (jabalina); mas yo vengo a ti en el nombre de Jehová de los ejércitos"
—1 SAMUEL 17: 45

Lo que realmente cuenta en la vida del ser humano, es hacer un buen uso del "hoy." El tomar decisiones sabias y acertadas sobre tu vida, es lo que te permite prosperar en todos los caminos que emprendas y tu confianza en ti crecerá.

Tus estudios, tu trabajo, tu aporte en acciones de beneficio social, el que ayudes aún en las tareas domésticas en la casa o con los compañeros de estudio, ponen una base firme y eficiente en tu carácter, llegas a conocerte mejor y aumenta el potencial innato que tienes. Por el contrario, algunos van a la universidad llenos de fantasías o meras ilusiones, con la inmadurez propia de la adolescencia y no se proponen tener una visión o idea de lo que serán en el futuro, por lo que no se toman tiempo ni prestan atención a esos aspectos que se necesitan para lograr e implementar cambios. Queda por ver entonces, si entienden lo efímera que es la vida, lo momentáneo del placer sensual y lo breve del éxtasis en contraposición a lo valioso de construir una vida equilibrada con principios eternos.

Muchos jóvenes de Latinoamérica nos han agradecido el haberlos motivado a triunfar en la vida. Una joven nos escribió lo siguiente: *"Buen día, amado pastor. ¡Dios le bendiga! Cuando usted estaba en Buenos Aires, Argentina,*

predicó sobre el temor; yo tenía 14 años. Habló de las perso-
nas que tienen temores. En ese tiempo yo me sentía con mu-
cho miedo, pues era una adolescente que tenía que enfrentar
la vida. Su mensaje me marcó y me cambió completamente."

Usted dijo que el AMOR de Dios echa fuera el temor, y
predicó sobre ese tema y yo fui impactada porque dije: Sí el
amor de Dios echa fuera el temor, yo debo cubrirme y vivir en
el amor de Dios. Si el amor de Dios está en mí no debe haber
ningún temor. Desde ese día mi vida cambió. Mis agradeci-
mientos a usted por ser un instrumento en la mano de Dios."
¡Bendiciones!

A los que confían en el infinito amor del Padre Celestial les va mejor. Y en el momento de su caminar en
que se les presenten desafíos que parezcan altos muros
y crean que no podrán dar el salto, van a experimentar
el amor del padre y eso les dará la fuerza para sobresalir,
para enfrentar el problema que tienen por delante. Por
este motivo, necesitas poner cimientos fuertes para construir la base de tu vida con metas, esperanzas y valiosas
aspiraciones.

Yo quiero que cada joven vislumbre sus sueños como
si fueran destellos de grandeza y así pueda llegar a ser
un campeón. En cada estudiante, desde el comienzo de
su formación en la escuela primaria hasta la universidad

comienza a germinarse la semilla de alguien que puede llegar a distinguirse del resto. Por eso es importante que tengas en claro lo que deseas a medida que avanzas.

"Las dificultades preparan a personas comunes para destinos extraordinarios".

—C.S. LEWIS

¡Tienes que enfocarte y concentrarte en lo que es bueno! Ese debe ser tu meta diaria. ¡Y confiar en que Dios te mostrará lo que sea mejor para tu vida!

Pablo, el escritor y apóstol de la iglesia cristiana primitiva, les proponía un camino mejor a sus lectores. Les dijo: -*"les muestro un camino más excelente"*- 1 Corintios 12: 31. Pablo les hablaba de aquello a lo que todos podemos aspirar: a lo extraordinario. Dios te conoce y lo que puso en ti puede usarlo para que visualices lo que tiene en mente. Por eso, mira el futuro con esperanza. Nuestra vida es un proceso y comienza aquí mismo, hoy, y es lo que finalmente te hará alcanzar el futuro que ansías. No te detengas a la hora de de pensar en lo que quieres, quizás tu meta sea ser condecorado o galardonado con el "Summa Cum Laude", o sea con los mejores honores. Es una noble aspiración querer ser un joven o una joven honorable, sobresaliente, y ser un ejemplo, por encontrar la forma en que tus sueños te permitan ser la vela que dirija tu destino en el mar de las posibilidades que existen.

Por otro lado, muchos consideran la genuina aspiración de obtener mejores logros como algo sin valor, pues no desean ir más allá de "vivir el momento"; ni se les ocurre plantearse como lograr su crecimiento personal. En cambio, los victoriosos, como el atleta que corre en un maratón, no pueden desperdiciar el tiempo en distracciones o en comidas abundantes; ese sería "tiempo perdido", tiempo muerto que perjudicaría su preparación. Lamentablemente, esto sucede cuando no se actúa con un balance o perspectiva correcta.

La industria comercial, el mercantilismo y los promotores de la diversión apuntan a manipular la atención y motivación de los niños y los jóvenes hacia intereses que no aprovechan pero generan muchas ganancias. Les preocupa poco y nada que pierdan el tiempo en videojuegos o la televisión. Es obvio que los jóvenes que fueron cautivados por esa promoción solo quieren lo fácil y lo que resulte rápido y cómodo, en vez de todo el esfuerzo que implica alcanzar un grado universitario para tener un buen puesto de trabajo, algo que en general les resulta frío y competitivo.

Para tener suficiente luz para discernir el significado de lo que te estoy diciendo, es necesario que te des cuenta de que somos aprendices frente a lo que la sociedad nos presenta, pero debemos estar alerta para comprender que cosas nos agregan valor y cuales son perjudiciales; y no puedes pensar solo en satisfacer tus instintos del momento.

Una de las cuestiones que puede enredarte toscamente en la edad en que el énfasis debería estar en el estudio es el tema de tomar la sexualidad como una diversión y hacer una exposición de la misma sin responsabilidad. Como parte del programa, muchos jóvenes universitarios, han tomado como costumbre su participación en fiestas, y muchas de ellas incluyen las drogas, el alcohol y están estropeando vidas prometedoras y causando bastante deterioro familiar.

Divertirse y festejar no es necesariamente malo, un estudiante universitario necesita tomar un descanso de las intensas horas de estudio (cansancio intelectual) vinculados al esfuerzo para lograr buenas calificaciones, pero lo que hoy se promueve es convertir una sana diversión en experiencias extremas de desbordes sensuales. La distracción es necesaria para distenderse y contribuye para el aprendizaje, pero la alegría y la diversión tienen que tomar cauces naturales y que no provocar un desborde físico o emocional.

En la cultura actual se promueve lo frívolo, lo superficial y lo pasajero, y no se enfatiza en lo que permita una satisfacción que sea permanente. El entretenimiento banal da lugar a relaciones sexuales ocasionales con el consiguiente desbalance emocional y la angustia que provocan las relaciones sin una base en el amor. La relación sexual debería ser la expresión más profunda del amor entre dos personas, en cambio se ha desvirtuado de tal forma, que el hecho de tener encuentros sexuales ocasionales se convirtió en la norma y trae muchísimo desgaste de energía y promesas de fidelidad mentirosas que sirven a la finalidad de conseguir lo que sensualmente se desea.

El joven debe promover momentos de camaradería pero no perder de vista que tiene un futuro por delante y debe concentrarse en la etapa de formación. Recuerda que *"el éxito ocurre cuando tus sueños son más grandes que tus excusas."* Ser consciente de estas cosas te da seguridad a la hora de lograr objetivos; que no te quede duda de que eres aceptado y elegido para una vida de excelencia.

Dios tiene planes para los soñadores

"Los sueños se hacen realidad en los años de la juventud, divino tesoro."

Cuando te decides a seguir tu camino permitiendo que el Señor te guíe, te llevará de nivel en nivel de fe, y tendrás el poder de ir alcanzando tus sueños, a medidas que vas teniendo claridad de ellos. Jesús es quién te revela al Padre y los planes que tiene para ti. El es "camino" para transitar en nuestra jornada espiritual. Si tienes a Dios, lo tienes todo y sus abundantes recursos están disponibles. Es una pena que algunos no lo tomen en cuenta. Por eso Dios te invita a soñar.

"El joven que no se alimenta de sus sueños, envejece pronto".

—WILLIAM SHAKESPEARE

Por eso caminar con Dios es importantísimo, es parte esencial del éxito tal como lo dijo Ignacio De Loyola:

"Toma Señor y recibe toda mi libertad, mi memoria, mi

entendimiento y toda mi voluntad, todo mi haber y mi
poseer. Tú me lo diste, a ti Señor lo torno, todo es tuyo,
dispón según tu voluntad. Dame tu amor y gracia, que
esto me basta".

Tener una relación personal con Jesús te llevará a tener resultados extraordinarios. Y cada uno de nosotros quiere eso en definitiva. Pero no le pidas a Jesús que guíe tus pasos si no estás dispuesto a mover tus pies. Esta vivencia es diaria y tiene que ser respaldada por la Palabra Santa que es la que te irá transformando; renueva tu mente y corazón para entender que es lo que Dios quiere y tiene preparado para ti.

En el libro del profeta Jeremías, en el capítulo 29 versículo 11, Dios nos anima a seguir adelante con estas palabras:

"Porque yo sé los pensamientos que tengo para ustedes,
dice Jehová, pensamientos de paz y no de mal, para darles
el fin que esperan".

Relacionando estos conceptos al ámbito del aprendizaje, veo que a muchas personas se les presentan oportunidades extraordinarias de probar sus capacidades, y el método de evaluación que a muchos les molesta es necesario para saber que nivel se alcanza y es un desafío a conseguir mejores logros académicos. Es la forma de unir los sueños que se tienen con respecto a la promoción de tu carrera y las metas reales que uno debe ponerse para llegar a ellas. Los contenidos tienen que llegar hasta lo profundo de la mente, para que el cerebro capte el conocimiento que se ofrece y adquirir sabiduría. Porque con el potencial con el que Dios te ha dotado puedes vivir conforme a la sabiduría que Él da; y por supuesto: ¡Sabrás aplicar sabiamente lo que has aprendido! Pensar lo contrario, es negar el reto de que cada uno tiene la oportunidad de seguir adelante hasta llegar a ser mejor, dispuesto a ser excelente, a ser sobresaliente y ser distinguido.

Si quieres puedes orar de esta manera:

"Señor Jesús, tú ensanchaste mi potencial escondido; los resultados veo ya. Me sacaste del lugar apretado y me diste espacio, me hiciste prosperar, me rodeaste con tu favor, aunque es un día normal, pero veo mis sueños cumplidos.

No seguiré igual. Todo cambiará, hasta que se materialicen mis sueños de la excelencia y del avance continuo. Seguiré esperando en Ti, mi Dios, que se complace en mi oración".

Y ya que en este capítulo hablamos de los sueños, me gustaría seguir compartiendo contigo algunas ideas, que parten del corazón de Dios acerca de otras áreas de tu interés y para las cuales también seguramente tendrás expectativas...

CAPÍTULO III

SUPERÁNDOTE CON TU CANOA

en los ríos rápidos de tu vida...

Mientras avanzas al ritmo juvenil de tu edad, estudiando, con amigos y diferentes experiencias, se presenta el momento de tomar grandes decisiones acerca de diferentes temas, algunos imprevistos, que requieren movimientos rápidos, giros y contra giros, como si uno estuviera "surfeando" entre las olas del mar. En ocasiones sentirás que estás navegando en ríos rápidos, físicos y mentales, dentro de una canoa liviana con un solo remo y con la amenaza de caer dentro de una cascada caudalosa si no haces una buena brazada a tiempo para no darte contra las rocas.

Pero tienes que recordar que Dios es quien puede guiarte a buen destino en el curso de tu propio río. No puedes despreciar la cualidad *vital* de edificarte en la voluntad y el propósito de Dios. En un mundo donde la oscuridad prevalece es de suma importancia que a través de ti la presencia de Dios se manifieste.

Jesús conquistó para nosotros la libertad pero la norma que debe guiarnos es el consejo que mencionara el apóstol Pablo en 1 Corintios 6:12: *"Todo me es lícito, pero no todo me conviene"*.

Por lo tanto, eres tú el que debe establecer el modo de vida que deseas, teniendo en mente cuáles son los objetivos divinos: ser excelente, sobresaliente y distinguido; y vivir en medio de nuestra generación siendo nosotros de influencia sobre nuestros amigos, animándolos a buenas obras por medio de nuestro ejemplo, y no al revés.

Apuntemos al verdadero significado de la vida de un ganador, el que se destaca por ser valiente, decidido, que aprovecha las oportunidades, que se siente seguro de su potencial y que cumple con la función de influenciar en todo. El caso es que *no se alumbra donde no hay oscuridad*. Cuando estamos unidos a Jesús y ya que Él vive en nuestra vida, somos hijos de luz y brillaremos en la oscuridad del pecado y la desesperanza.

Tu compromiso con Cristo, es también un compromiso con su Reino, y debes ser como un soldado entrenado, dispuesto a pelear las batallas, a obedecer órdenes y a ser leal. Te comprometes con el sueño que Dios puso dentro de ti y te vuelcas a conseguirlo con pasión.

De la misma forma, puedes confiar en que Él te guiará cuando tengas que tomar decisiones importantes, en lo referente a tu carrera o a tu vida sentimental. Dios te dará paz y estabilizará tus emociones para que puedas buscar su voluntad en todo momento. Su guía te será de sostén y de aliento para que lo que sueñas se convierta en realidad.

Soy consciente de que esta edad es difícil y de muchos cambios y eso puede hacerte sentir inseguro. Pero C. S. Lewis dijo cierta vez: "Las dificultades preparan a personas comunes para destinos extraordinarios". Por lo tanto, la tuya será una travesía donde cumplirás de a poco tus sueños y donde la luz de la Palabra divina te acompañará. Algún día dirás: "No fue fácil pero lo logré". No te conformes hasta que lo bueno sea mejor y lo mejor sea excelente.

En ciertas condiciones, es difícil producir los cambios necesarios y se genera una incapacidad para reaccionar que yo llamo: *impotencia aprendida*. Esta se presenta cuando se dedica mucho tiempo a copiar "modos o gustos" de lo que se transmite a través de la televisión o el cine, modas y preferencias que se instalan como propios en las personas que no están muy definidos en su personalidad. Porque, de alguna forma, resulta más sencillo y cómodo copiar que esforzarse uno mismo en conformar una personalidad única y emprendedora.

Cuando se cae en algo así, la violencia, los vicios, la vida sin esfuerzo y demandante de favores, toman lugar en la mente juvenil, de por sí influenciable y los distraen de sus metas. No quisiera que esto suene como un reproche sino como una manera de adelantarse y ser precavido. Es para animarte a que tengas buen criterio y una intencionalidad específica en todo lo que hagas. ¡Que tu ímpetu sea el de un conquistador!

Pero quiero que se entienda que eso no lo digo como un reproche, sino para animar a los jóvenes a que anticipadamente vean la realidad. Es para animarles a que tengan un criterio e intención específica.

Si mantienes un espíritu de iniciativa y te desafías en lo personal vas a ir tomándole el gusto a la excelencia, te sentirás como alguien seleccionado para el proceso de transformación. Poco a poco, te despegarás de la protección paternal y hallarás formas propias de relacionarte e interactuar con tus pares. Las experiencias que comiences a tener basada en tu fe en las Escrituras te permitirán diferenciar lo bueno de lo malo, lo que es verdadero de lo falso, y podrás elegir aquellas cosas que te permitan enfocarte en los intereses que te lleven a superarte, para hacer los cambios que se requieren y alejarte cada vez mas de las actitudes negativas y del fatalismo que pueden cegar tu entendimiento.

Desde el comienzo te he dicho que la excelencia proviene de una decisión activa, sin importar en que condición social estés. Priorizando primero lo espiritual, tienes que dedicarte por completo y hacer de ello tu fuerza. Mantén siempre una actitud analítica de tu presente y proyéctate hacia el futuro.

Por eso creo que la excelencia se perfecciona en los pequeños detalles, pero que terminan siendo significativos. No des más vueltas alrededor de las influencias externas; tienes que destacarte, salir del montón. No renuncies a soñar en alcanzar la orilla, de llevar tu barca en el destino deseado y ¡seguir remando es lo que te hará una persona diferente!

Para que puedas superar los rápidos de la vida con tu canoa, primeramente tendrás que confiar en la guía de Dios. Él será tu brújula y debes consultarlo de continuo, para que te lleve a buen destino. Algunas personas pueden tener en poco tu juventud, y ciertamente es una etapa de la vida en que nos sentimos con la fuerza para llevarnos el mundo por delante. No por nada se oye tan a menudo la frase: "Juventud, divino tesoro". Pero para quién atraviesa esta etapa, puede convertirse en algo que lo abrume.

En el curso del rio de tu vida puedes encontrar varios saltos que tendrás que sortear:

Inseguridad. En todas y cada una de las etapas de crecimiento, uno tiene que lidiar con inseguridades y ansiedades; relacionadas a diferentes situaciones y en diferentes contextos. Pero la cruda realidad es que durante la adolescencia estos sentimientos pueden ser abrumadores y afectar el buen rendimiento, sobre todo en los estudios.

Para poder sobrellevar estos momentos es bueno contar con la ayuda de tus padres, si tienes la bendición de llevarte bien con ellos; un mentor dentro de tu escuela o algún consejero espiritual. La consigna es no quedarse callado ni solo, y tener el valor de compartir lo que te suceda. Muchos temores se producen por la falta de buena alimentación o descanso necesario, y con el tiempo te darás cuenta de que muchas de las cosas que tememos y que se nos presentan como dilemas sin resolución, nunca sucederán. Por eso, alguien que pueda ayudarte a poner tus problemas en perspectiva es lo aconsejable. Esa es una batalla contra ti misma/o y de eso podríamos hablar mucho, hablar de tu esfera de inclusión: padres, hermanos y familiares con quienes te criaste; si pudieron darte un ambiente tranquilo y brindarte seguridad. Si no fue así, puede que te sientas frecuentemente con un sentimiento de ansiedad que te impida construir relaciones estables. ¿Te cuesta centrarse en formar un buen círculo de amigos y compañeros? Ellos son una ayuda para superar las inseguridades. Te ayudan a que te atrevas a pedir lo que necesitas, a sentirte seguro aún si andas desilusionado. El respeto a ti mismo trasciende las frustraciones mal superadas, los bloqueos, desilusiones y experiencias por más desgarradoras que puedan ser. Puedes encontrar un refugio de seguridad si pones tu fe en el Dios viviente, el Padre celestial, que te ama mucho más de lo que posiblemente tú lo ames a Él.

Temor al ridículo: este sentimiento es muy común en esta etapa del desarrollo. Por la misma inseguridad que tienes, muchas veces te sentirás inadecuado, fuera de lugar y con temor a quedar mal entre tus amigos y compañeros, y es porque es muy fuerte la necesidad que tienes de ser aceptado en el grupo y que gusten de tu persona. Muchos jóvenes son introvertidos, tímidos y muchas veces no es porque no quieran o no necesiten compartir sus ideas u opiniones sino porque temen decir algo que los haga quedar como tontos y por eso, prefieren callar. Dentro de tus posibilidades, trata de tomar valor, de ser positivo, de informarte bien y de participar cada vez más en conversaciones de valor. Debes arriesgarte, pero tu conversación tiene que ser sabia y sazonada con buenos modales. Tienes mucho para dar y no te decepciones si alguna vez, las cosas no salen como esperabas. Como te decía, cada ser humano tiene un inmenso valor y mucho para aportar al mundo.

Timidez: esta es una sensación de inseguridad o vergüenza (frente a otros de ti mismo). Cuando uno es tímido, piensa que nunca hará nada bien, por lo que suele tener pánico de lo que piensen los demás. Este sentimiento puede provocarte signos físicos como comenzar a sudar, se te pueden secar o mojar las manos, el corazón se te acelera. Esto puede bloquearte e impedirte el buen desempeño sobre todo a la hora de rendir los exámenes o tener que hacer una exposición de los temas de estudio. Para superar esto hay que dar un paso de fe, y si te das cuenta de que no puedes está bien que busques ayuda, que practiques con alguien con el que te sientas cómodo o lo converses con tu tutor o consejero. Cuando uno comienza a dar pasos y se anima a salir de ese estado, poco a poco va ganando confianza en si mismo y se va relajando.

Las pruebas y experiencias que se presentan, son como los rápidos que cambian de dirección y velocidad y que te desafían siempre a esforzarte, ganar pericia y llegar más allá de tus posibilidades. Te dan un indicio de hasta dónde has llegado. Pero tendrás momentos en que dentro de todas las experiencias que se te presenten, algunas tendrán implícitas ciertas tentaciones y quizás no estés listo para tratar con ellas. Es muy importante que en esos momentos, tomes tiempo para consultar con tu conciencia y te preguntes si eso que te proponen es lo que deseas de corazón para el estilo de vida que decidiste tener.

Así no solo sortearás las piedras en el río torrentoso de la vida con tu canoa, sino que levantaras vuelo. Como las águilas ganarás altura y ajustarás tu volar a tu propio ritmo. El Espíritu Santo te llevará hacia alturas inesperadas, hacia lo sagrado. Hoy la nube representa el lugar en el éter donde puedes guardar aquello de más valor, lo que te importa, lo que no quieres que se pierda. Pues allí tienes que guardar tu corazón y cada logro, atesorarlo como una experiencia que te enriquece y te hace más profundo.

CAPÍTULO IV

SER AMADO, LA CLAVE DE TODO

Los seres humanos fuimos creados con necesidades básicas que necesitan ser satisfechas. Una de ellas es la de amar y ser amado. El primero que solicita nuestro amor incondicional es el Señor, y en nuestro corazón, este espacio no debería ser llenado por nadie más. Si bien su mandato es que lo amemos con todo nuestro corazón, con toda nuestra mente y con todas nuestras fuerzas, Él también nos pide que amemos a nuestro prójimo como a nosotros mismos.

Sin importar la edad que tengas, tienes que superar ciertas dudas con respecto a tu futuro y no siempre es fácil saber qué camino tomar. El mañana aparece confuso o como las piezas de un rompecabezas. ¿A quién recurrir?

En ese momento, la función de los mentores escolares, de un adulto al que admiras o un consejero familiar puede serte de mucha ayuda. En general, son personas más sabias que nosotros, con un camino recorrido, y en el caso de los que trabajan con jóvenes, pueden ser de influencia positiva a la hora de animarte o entusiasmarte a buscar aquella profesión que se relacione mejor con tus talentos.

Mantén la llama de tu pasión encendida y la claridad mental, aprovecha el tiempo, porque tiempo que pasa, vuela y nunca vuelve.

Tú vives en una época que es totalmente diferente a la de tus padres, tu mundo es otro y no es fácil interpretar las nuevas culturas y tendencias, los adelantos en todos los sentidos, lo que te identifica y que puede ser incomprendido.

No pierdas de vista que has elegido ser excelente, y si en algún momento sientes que te falta sabiduría para saber cuál es el camino a tomar, recuerda lo que dice el Espíritu Santo a través del apóstol Santiago: *"Si alguno de ustedes se halla falto de sabiduría, pídala a Dios que a todos da largamente y sin reproche, y le será otorgada."* (Santiago 1:5).

Como el joven que eres, tienes que lidiar con períodos de insatisfacción y el no estar a gusto contigo mismo, pero no por eso tienes que obrar como te digan los demás para tener su aceptación. Teniendo esto en mente, puedes entablar relaciones sanas y cordiales con tus compañeros que impliquen también ayudarlos y servirlos. El interés en las relaciones suele ser fuerte en esta etapa y continuará toda tu vida ya que fuiste creado para tener vínculos con los demás, con quien puedas compartir las alegrías y las tristezas, y es probable que encuentres muchas virtudes en las personas pero también verás sus debilidades, y eso te ayudará a entender que ninguna persona es perfecta y que debes cubrir las faltas que veas en otros con amor.

Es en esta etapa donde tu identidad se define, al estar cerca de otras personas y sin la presión que podría suponer la atracción física; las relaciones que desarrolles pueden ser distendidas, profundas, divertidas y muy interesantes.

La etapa de la adolescencia es de crecimiento; como la palabra lo dice, el joven "adolece" de muchas cosas, por lo que no está mal que decidas que sea un tiempo de fortalecer y desarrollar amistades genuinas, que no tengan una connotación romántica o de atracción física, aunque seguramente sucederá que alguna persona del sexo opuesto te atraiga o te sientas más conectado a ella. Como personas tenemos necesidad de conexiones profundas, de sentirnos en compañía, de ser valorados.

En esto también deberías recurrir a Dios y pedirle que te permita conocer personas que sean de bendición, que te ayuden a crecer y a desear ser mejor, y no al revés. Muchas veces somos tentados a creer que alguien que tiene popularidad, que es lindo o seductor, es digno de envidia. Pero debes saber que ese tipo de personalidades buscan siempre caer bien o figurar, y a veces son demasiado superficiales. Debes ser prudente; recuérdate a ti mismo que muchas veces lo esencial no es lo que se ve. Durante este tiempo te divierte lo que "tiene onda", pero es el momento en que surgen amistades duraderas e importantes. Sin embargo, algunos son vínculos circunstanciales, por estar juntos en un mismo salón de clases o practicando algún deporte.

En este proceso en que tu vida social se forma, se producirá el natural desapego de la dependencia de tus padres. Es normal, porque ya no eres un niño y debes comenzar a valerte por ti mismo. Querrás interpretar los acontecimientos y lo que te toque vivir de forma que refleje cada vez más tus propios intereses, convicciones y valores. Pero a lo mejor piensas que es mas fácil exponer estos temas con personas de tu misma edad, con quienes puedes hablar de igual a igual. Es bueno que recuerdes, sin embargo, que si no te sientes seguro en cuanto a algún tema, tus padres y tus maestros pueden ser tus mentores y ayudarte a clarificar cualquier duda que tengas. No es malo acostumbrarse a escuchar las opiniones de los demás que te permitan considerar otros puntos de vista y comprender que no todos tienen una misma idea. Como el joven está en la etapa de tratar de encontrar sus propios valores y convicciones es probable que tenga una actitud *per se* de oponerse al pensar de los adultos y a no comprender sus razones.

Seguramente buscarás la compañía de tus amigos, alguien que te sonría y te acepte, alguien que sea sincero contigo, con el que puedas sentirte a gusto. Como dice un proverbio escocés: "La sonrisa cuesta menos que la electricidad, pero da más luz". Inténtalo y verás que al sonreír, serás feliz y si te acostumbras a sonreír siempre, las circunstancias difíciles serán más sencillas de sobrellevar. Además, la sonrisa es contagiosa y produce a tu alrededor un ambiente cálido. Se amable y cortés, comparte sin fingir una sonrisa agradable y sincera.

La amistad es una actitud de la buena voluntad que

tiene el joven de dar y recibir. ¡Y qué importante es que estos sentimientos profundos se arraiguen en tu corazón! Es la forma en que interaccionaran tu sentir y tu hacer y eso es indispensable para formar una buena amistad. Es un intercambio sincero entre tus propios recursos y lo de la otra persona.

Ten siempre cuidado de ti mismo, de tus actitudes y pensamientos. No busques siempre complacerte o sentir lástima de ti. Cualquier extremo es nocivo, te hace daño. Es necesario que tu estima propia sea sana y cada día estés libre sobre todo del temor.

Alguien dijo: "El miedo es una muralla que separa lo que eres de lo que podrías llegar a ser".

Si necesitas sentirte seguro en cuanto a quién te ama y quién no, recuerda que el amor de Dios es perfecto. Él te ama desde aún antes de crearte. Estabas en su mente y corazón. Solamente el Señor puede llenar tu vacío interior porque fuiste creado con el propósito de ser amado por Él y de amarlo. Recién cuando puedes aceptar su amor y darte cuenta de que te ama a pesar de todas tus imperfecciones, puedes comenzar a amarte a ti mismo, y es recién en ese momento en el puedes comenzar a amar a alguien más. Al recibir el amor de Dios en tu corazón puedes amar a los demás.

Lo primero que el Señor te pide es que lo ames con todo tu ser, corazón y fuerzas, por lo tanto Él tiene que tener el primer lugar en ti. Tienes que experimentar su amor y tener seguridad que porque te ama, desea lo mejor y te dará la sabiduría necesaria a lo largo del camino para entender tus metas y destino. Con el amor de Dios por ti en tu corazón no te será difícil amar y... ¡los otros también van a corresponderte con amor!

Puedes tener la certeza de que al ser Jesucristo tu Señor podrás proyectarte hacia tu destino. La razón que te hace libre es conocer y vivir su verdad de quién es, para qué dio su vida y para qué resucitó. Jesús dijo: *"y conocerán la verdad y la verdad los hará libres"* (Juan 8:32).

El Señor te ofrece una visión correcta para tu desarrollo personal y vocacional para que puedas servir a otros con amor y motivaciones puras. Ahora bien, si conoces a alguien que te dice que es difícil decidir lo que es correcto y ves que pasa mucho tiempo en cosas triviales e inconsistentes, no confíes en él. Busca la sabiduría y síguela. Investiga cuáles son las disciplinas que te gustan y van mejor con tu temperamento. Practica alguna de ellas, tanto si son referentes a algún deporte a la música o al arte.

Para lograr el éxito debes pensar en tu potencial y qué

es lo que hace que te distingas de los otros, esto te llevará a que tus sueños se hagan realidad.

Si fijas un plan y te determinas a seguirlo, vas a ser un estudiante esmerado, por lo que vas a oír muchos y agradables elogios. ¡Y será un honor tenerte en cualquier universidad!

Recuerda: "Solo la verdad que se comienza a vivir tiene el poder de cambiar al ser humano" (R. R. May).

CAPÍTULO V

LA ACEPTACIÓN, UNA NECESIDAD PROFUNDA

Ser aceptado es una de las necesidades básicas de todo ser humano. Al haber sido creado por Dios y para relacionarnos con Él, nuestro sistema afectivo es sensible a la aceptación o censura de la mirada de los demás y en uno aparece el deseo de "encajar" en algún grupo humano. Como joven, es posible que pienses: "Si acepto a los demás tal como son, también me aceptarán a mí". Pero, de alguna manera todos tenemos la sensación de que no somos lo suficientemente buenos, y es normal que deseemos que los demás corroboren que estamos equivocados. Pero el complejo de inferioridad puede superarse poco a poco, si entiendes primeramente que el Señor te hizo, que es tu Padre y que ¡te ama como eres! La seguridad necesaria para vencer el complejo de inferioridad se obtiene al satisfacer el primer deseo: ¡sentirse amado y amar lo que uno es! Quisieras que te acepten y no sentirte inferior, pero para eso debes hacer las paces con Dios. Una vez que aceptas su amor, recién eres serás capaz de mirar a los demás con cariño y aceptarlos como son. Respetar, en este caso, significa entender que los demás también tienen derechos que podemos trasgredir. Y a veces puede que no concuerdes con la forma de ser de las personas, pero tu actitud tiene que ser de paciencia y no de exasperación.

Hoy se vive en una sociedad que promueve muchas formas de egoísmo y de una vida centrada solo en los intereses personales. Probablemente choques muchas veces con actitudes que son totalmente contrarias a las que promueve la Biblia en cuanto a las relaciones.

Quisiera preguntarte entonces: ¿en qué círculo social encuentras los modelos a seguir? En la adolescencia, se pasa menos tiempo con la familia y más tiempo con los amigos, y eso es normal, por el deseo natural de hacer amigos que uno tiene. Ganamos intimidad con ellos y también copiamos muchas veces sus modelos o formas de conducirse.

En regla general, el joven piensa poco en desarrollar su autoestima o cultivar un amor propio sano acompañado de buenos hábitos que lo lleven a ser mejor cada día. Hacer amistades ocupa su atención y es lo que les importa; ser aceptado por el grupo y puede tentarlo a no ser fiel a sus convicciones cristianas. Es triste ver que en los colegios, los jóvenes se esfuerzan por encajar, por ser parte del "montón", del grupo. No soportan sentirse diferentes, excluidos. No valoran su particularidad, su peculiaridad, el hecho de ser único. No quieren sentirse poco populares Por eso, prefieren copiar conductas que no les son propias, con las que no están a gusto, que molestan su conciencia y que en privado no harían por la presión de ser aceptados por el grupo.

Teniendo esto en mente podemos ver que hoy algunos adolescentes se envuelven en relaciones físicas por la presión de no ser diferentes al resto y tienen conductas desvergonzadas a la vista de todos.

Tomemos como ejemplo de aceptación y transformación la vida de Felipe, el apóstol de Jesús: era joven cuando la predicación de Juan el Bautista le interesó y comenzó a escucharlo. Era cauteloso, curioso, demasiado práctico, un joven timorato pero de mente sensata. Fue nombrado apóstol, y ni bien Jesús le dijo "sígueme" fue tras Él, e inmediatamente invitó a su amigo Natanael. De los cuatro evangelios, el de Juan es en el que más se lo menciona y yo quisiera hablarte acerca de Felipe en este capítulo para que aprecies como la aceptación que recibió al encontrarse con Jesús, su maestro y el modo en que Jesús trató con él y como fue transformado, puede ser tu experiencia hoy.

En primer lugar, vemos que por su naturaleza sensata, Felipe no iba a ir detrás de cualquier nueva religión o tendencia. Él era judío, y fue Jesús mismo el que tuvo que buscarlo y pedirle que lo siga. Es curioso que cuando Felipe le habla a Natanael de Jesús, lo describe con detalle como "Jesús, hijo de José, de Nazaret".

Hay tres episodios muy interesantes que quedaron registrados en la Biblia acerca del proceso en el que Felipe es confrontado a diferentes situaciones y que nos muestran cómo al contacto con Jesús gana confianza y se anima a participar con su opinión y a hacerle preguntas.

Antes del milagro de la multiplicación de los panes es a Felipe que Jesús le pregunta dónde podría comprarse pan para cinco mil personas. Siendo tan práctico, lo primero que hace es calcular cuánto dinero constaría comprar pan para tantas personas (Juan 6:5-7).

Lo que me gusta de Felipe es que era una persona

común, de una familia sencilla; el sobrenombre que recibió de los demás apóstoles era "curiosidad" porque por su inseguridad, quería que le demostraran todo, no tenía problema en preguntar aunque fuera en un momento inapropiado. No era torpe, pero sí demasiado sencillo, carente de imaginación. Pero su alma era noble, muy confiable, tanto que en el momento en que los apóstoles se organizaron para el servicio, se convirtió en el mayordomo de todos; tenía que velar que no les faltaran provisiones en ningún momento, y cumplió muy bien con su responsabilidad. Justamente se destacaron en él su minuciosidad metódica, era matemático y sistemático. En él se ve esta decisión que tomó de ser excelente, sobresaliente y por lo tanto, se distinguió en todo lo que le tocó hacer.

La segunda vez que es mencionado es cuando algunos hombres paganos le piden un encuentro con Jesús y que fue a consultar con su referente inmediato, por lo que vemos que no le costaba reconocer autoridad ni consejo de los demás. Felipe lo comenta con Andrés y juntos se lo comunican a Jesús (Juan 12:21-23). Me llama la atención que en los evangelios no se menciona la participación de otros apóstoles, pero se registra varias veces momentos que Felipe comparte con el Maestro y cómo Jesús lo consulta o lo interroga. Y creo que es para que entiendas que aunque seas joven como Felipe, Jesús te acepta tal como eres, con las virtudes y debilidades que tengas y que comienza a caminar contigo si se lo permites, para lograr excelencia en tu vida.

A Felipe no le costaba preguntar, era muy curioso, y a Jesús no le molestaba que lo interrumpiera aún si estaba dando el sermón más importante, porque lo aceptaba tal como era y valoraba sus virtudes y su corazón. Prefería que si algo no le quedaba claro, fuera a Él, como en el caso en que Jesús les habla del Padre y Felipe le dice: *"Señor —dijo Felipe—, muéstranos al Padre y con eso nos basta. —¡Pero, Felipe! ¿Tanto tiempo llevo ya entre ustedes, y todavía no me conoces? El que me ha visto a mí ha visto al Padre. ¿Cómo puedes decirme: 'Muéstranos al Padre'?"* (Juan 14:8-9)

Tampoco se avergüenza de tu inmadurez, de tus inseguridades, sino que quiere que con confianza vayas con tus dudas a Él.

Y vemos que poco a poco, en su caminar con Jesús, la fe de Felipe fue fortalecida. En el libro de Hechos lo vemos seguro predicando a todos de Cristo. *"Entonces al bajar Felipe a la ciudad de Samaria, les predicaba de Cristo"* (Hechos 8:5)

Felipe llegó a ser excelente y sobresalía en lo que hacía, fue superándose y lo vemos en Samaria, hablando como un erudito; alguien que había sido mediocre y común se convirtió en una persona distinguida y su palabra era confirmada con señales "*Y la gente, unánime, escuchaba atentamente las cosas que decía Felipe, oyendo y vendo las señales que hacía*" (Hechos 8:6); "*Entonces, cuando creyeron a Felipe, que anunciaba el evangelio del reino de Dios y el nombre de Jesucristo, se bautizaban hombres y mujeres*" (v.12).

Felipe era un joven como tú, y al ver su vida puedes animarte a alcanzar grandes logros, pues el Señor puso en ti habilidades que pueden ser desarrolladas. Con su vida invitaba a todos a seguirlo; su lema era "ven y ve". Los invitaba a acompañarlo a descubrir y esa es la manera más eficaz de la enseñanza.

Aún los padres pueden aprender del ejemplo de Felipe y en vez de enviar a sus hijos a hacer ciertas cosas, acompañarlos y caminar con ellos.

CAPÍTULO   VI

MUNDOS DIFERENTES

Por muchas razones creo que esta es una etapa de muchos avances en todo los sentidos, pero justamente estos hechos que se hayan producido en menos de cien años provocaron un cambio cultural muy marcado, por el que las generaciones nuevas necesitaron adaptarse demasiado pronto a las innovaciones. Con la globalización, la distribución del trabajo y el hecho de que muchas mujeres que antes permanecían en sus hogares y eran las formadoras de los hijos, alcanzaron logros profesionales y salieron al campo laboral, los valores familiares y sociales se vieron sacudidos y cambiaron de forma exponencial.

En las épocas pasadas, la vida de los padres era diferente, en la música, la forma de vestir y la forma de conducirse con más decoro y cuidado en las relaciones amorosas en contraposición de la preferencia de algunos jóvenes de hoy en día que prefieren vivir lo inmediato, aun cuando va en dirección opuesta a los valores familiares que requieren esperar hasta una relación de amor verdadero. En esto es el Señor quien nos premia si sabemos esperar en que Él cumpla sus planes en cuanto a la sexualidad y al matrimonio.

La madre, que antes era la que promovía el diálogo en el hogar y supervisaba todas las actividades de los niños, pasó a estar físicamente ausente y niños y jóvenes comenzaron a relacionarse a través de sus celulares, laptops y computadoras familiares con otras personas conocidas y no tanto. Por este motivo, al estar solos, muchos se hicieron egocéntricos, introvertidos y les es más difícil expresar emociones y compartir sus problemas.

Quizá alguno de ustedes se han criado con niñeras o con otros integrantes de la familia, abuelos, hermanos o tíos; o han crecido en la calle, sin ningún tipo de supervisión, quedando expuestos a la influencia gente no siempre apropiada.

Las modas han cambiado, el arte ha cambiado; los jóvenes en vez de expresarse a través del lienzo o el papel, comenzaron a tatuar sus cuerpos, a agujerearlo con piercings, a pintar grafitis en las paredes para dejar plasmada su protesta sobre las estructuras que muchas veces ya no pueden contenerlos y ayudarlos con sus ansiedades.

En muchos casos, y a causa de los divorcios y las relaciones poco estables de los padres, han desarrollado una aversión a la institución del matrimonio y el compromiso, y veo que la norma pasó a ser irse a vivir en pareja, para probar, para ver "qué tal me va," y si no resulta, se vuelve alegremente a la casa de los padres, a retomar la soltería como si nada hubiera sucedido.

Por esta tendencia, creció la tasa de embarazos adolescentes, no deseados muchas veces, de madres solteras que tienen que hacerse cargo de una nueva vida, y vemos que en algunos casos, los muchachos no se hacen responsables de ese bebé aunque la participación en su concepción fue también su asunto. Hay un amplio acceso a la informática y con ello a la pornografía; hecho que desvirtúa aún más lo bello del sexo bien entendido, como un acto de amor y de entrega permanente. Por eso como mentor, les hago ver que como jóvenes son diferentes (como hijos de luz), la vida que vives será de mayor impacto para la sociedad que va en creciente degradación moral.

En el área laboral, la tendencia está dividida entre los jóvenes que pueden acceder a una educación universitaria y los que ingresan al mercado laboral luego de la escuela secundaria, pero se desestima entre ellos el aprendizaje de oficios.

En cuanto al entretenimiento, vemos una generación más propensa a la inactividad, a encontrar placer en quedarse encerrados horas frente a la computadora, enfrascados en luchas que son virtuales pero no les permiten mover ni un músculo. No hay ningún tipo de gasto de energía física, y la obesidad y el sedentarismo se hace notar entre los jóvenes, con los consiguientes problemas para su salud.

Por eso, cuando en tu mente germinen los conceptos que aquí tratamos, vas a cambiar por la relación íntima con Jesús quien te hace ser una persona diferente en esta generación propensa a lo ya mencionado.

En cuanto a las normas de educación también han cambiado. En general, los jóvenes no se relacionan con las otras edades, no consideran necesario saludar ni presentarse, no piden por favor y nos son agradecidos. Siempre hay excepciones, pero veo que no es común que los jóvenes tomen en cuenta la experiencia y las ideas de que son adultos o ancianos. No se promueve el espacio para una sana interacción sino que más bien, los jóvenes buscan sus grupos de pertenencias, sus tribus urbanas, entre quienes tienen afinidad. Debemos revisar los sentimientos, los pensamientos y las acciones para valorar cuán diferente es la tendencia actual de nuestros valores cristianos.

Como hablamos de ser excelentes, sobresalientes y distinguidos, quería incluir este capítulo para que en el análisis pudieras ver cuáles son aquellas dificultades a las que te enfrentas y como he hablado anteriormente, el intercambio de ideas y de experiencias siempre será necesario para que puedas recibir una instrucción que te forme tanto en lo moral, en el carácter y en los conocimientos adquiridos, que provienen de personas que se han capacitado antes que tú.

AMISTADES VERDADERAS

¿Pasas bastante tiempo compartiendo tus experiencias con alguien que tiene la misma afinidad que tú? Existe una frase en este aspecto que dice: *"No te gastes en dar mensajes al que NO te responde, ni palabras a quién no las escucha."*

El libro de Proverbios (18:24) habla de la amistad confiable. Dice que la buena amistad puede ser más profunda que la hermandad cuando afirma: *"y amigo hay más unido que un hermano".*

Jesús pasó bastante tiempo con sus discípulos, hasta llegar a una relación de amistad con ellos. Los jóvenes deben convertirse a Cristo para entender el valor de estar en comunión con el verdadero y santo Dios, quién dijo que, si le obedecemos ya no nos llamará siervos, sino amigos.

En muchos textos bíblicos, Dios nos ayuda a comprender la importancia que tiene el escoger buenos amigos. Pero a los jóvenes, que están interesados en el aquí y ahora, no en construir relaciones duraderas, les cuesta comprender estos principios.

Normalmente los buenos análisis se hacen de aquellas experiencias que ya han sucedido, no de las que están en el futuro.

Para ellos, el presente es su propio ambiente, necesitan satisfacción inmediata, sentirse amados y amar, ser aceptados y de allí que eligen de acuerdo a su necesidad, no a su conveniencia. Se mueven por sensaciones, y se dejan influir por apariencias y popularidad.

Cuando alcanzan cierta madurez y se motivan a la excelencia en todo, aún en sus relaciones, comienzan a ser selectivos y se toman el tiempo para conocer a las personas en profundidad.

Proverbios 15:15-17 dice: *"Para el afligido todos los días son malos; para el que es feliz todos son de fiesta. Más vale tener poco, con temor del Señor, que muchas riquezas con grandes angustias. Más vale comer verduras sazonadas con amor que un festín de carne sazonada con odio".*

La etapa de tu formación académica, que se extiende desde que comienzas el colegio secundario y termina en la universidad, es preciosa en cuanto a las amistades que puedes cultivar. Es el momento oportuno para conocer personas de diferentes trasfondos culturales y familiares sin la presión de tener que agradar a ninguno en particular. Si bien es cierto que seguramente te sentirás atraído a alguno de ellos, es mejor mantener las relaciones en el nivel amistoso para poder conocer más de cada uno y tratar de evitar los exclusivismos que generarían involucrarnos en una relación particular con alguno. Muchos amores verdaderos derivan de una amistad. Y en todo caso, para saber qué es lo que te gusta, primero tienes que descubrirlo. Para eso, primero hay que respetar a todos y ver que tanto respeto te tiene a ti.

La definición que hace la Biblia sobre el amor en 1 Corintios 13:4-7, nos dará una idea de los principios que rigen el amor en el que está incluida todo tipo de relaciones: la amistad, el noviazgo, el matrimonio y la relación filiar, fraternal o paternal.

"El amor es paciente, es bondadoso. El amor no es envidioso
ni jactancioso ni orgulloso. No se comporta con rudeza, no
es egoísta, no se enoja fácilmente, no guarda rencor. El

amor no se deleita en la maldad, sino que se regocija con la verdad. Todo lo disculpa, todo lo cree, todo lo espera, todo lo soporta".

Donde dice amor puedes poner la palabra amistad y verás cuáles son las cualidades que tiene que tener una amistad verdadera. Un amigo que se precie de serlo, siempre estará de tu lado para defenderte y honrarte; tu corazón podrá estar confiado en él o ella, porque sabes que nunca voluntariamente querrá perjudicarte. Las mismas cualidades que debemos desarrollar para tener vocación hacia el amor, podemos cultivarlas desde nuestra niñez para disfrutar de buenas amistades.

Renunciar a pensar solo en ti mismo, incluir a aquellos que se acercan a ti y sobre todo tener una actitud "amigable" en todo momento, ¿qué quiere decir esto? Estar interiormente dispuesto a recibir en tu corazón, en tu mente y también en tu casa a aquel que necesita alguien que lo comprenda, lo escuche o lo anime.

Una buena amistad debe estar basada en la *honestidad*. No crece donde hay mentiras, porque estas hacen que pierdas credibilidad frente a tu amigo y la desconfianza mata la mejor de las relaciones. A nadie le gusta sentirse estafado. Siempre y en todo momento, se honesto contigo mismo y con los demás. *"No ames de palabra ni de lengua sino de hecho y en verdad"* (1 Juan 3:18).

Otra característica es la de no remarcar los errores y las equivocaciones de tu amigo. No puedes ser implacable con los defectos de los demás. Todos nos equivocamos y la Biblia dice que *"El amor olvida los errores, el reclamar acerca de ellos acaba con las mejores amistades"* (Proverbios 17: 9).

También tengo que alertarte sobre el peligro de elegir como amigos a personas que no tengan buenas costumbres, una conducta como la que describimos antes, que no tengan escrúpulos a la hora de inclinarse por vicios o a actuar fuera de la ley.

Esto me recuerda al pasaje del libro de Jeremías 24:1-10. El pueblo de Dios había sido llevado en cautiverio a Babilonia. Vez tras vez, por la boca de diferentes profetas, el Espíritu Santo los había amonestado y les pidió que se apartaran de sus malas acciones y su adoración a otros dioses, pero todos se habían corrompido y finalmente fueron conquistados y llevados cautivos. En ese tiempo, Dios le da una visión a Jeremías, en ella veía dos cestas de higos; en una, los higos estaban en buen estado, estos representaban a los que eran llevados cautivos pero a los cuales Dios protegía a pesar de la cautividad. Sobre ellos Dios decía: *"yo los cuidaré y no los heriré. Haré que los traten bien y los haré volver"*. Por otro lado, la otra cesta tenía otros que estaban en mal estado, pudriéndose. Eran el rey Sedequías y todos los que lo acompañaban, los que habían huido a Egipto, los que no habían aceptado la disciplina del Señor. Estos serían exterminados, como los higos podridos se tiran a la basura.

Tú sabes que no se pone en una misma canasta la fruta buena con la que está en proceso de descomposición porque esa mala arruina todas las buenas. De la misma forma, Pablo en 1 Corintios 15:33 nos alerta: *"No se dejen engañar: las malas compañías corrompen las buenas costumbres"*.

Por lo tanto, aunque es recomendable que le des una oportunidad a todos sin importar la clase social o educación que tengan, ya que las buenas costumbres no dependen de eso, debes ser selectivo si te das cuenta de que no son saludables y correctas y alejarte de esas personas. Pero no pierdas la espontaneidad ni te cierres a la amistad.

Un noviazgo exitoso

Para llegar a plantearse una relación de noviazgo, tienes que conocer bien a la persona que te gusta, quién es, que tiene para ofrecer, a que dedica su vida.

Muchas equivocaciones podrían evitarse si los jóvenes pudieran dejar de lado por un momento el enamoramiento para considerar las diferencias que existen. Que la palabra "novio" no se trasforme en "no-vió" Las elecciones muchas veces se hacen con el corazón pero no se usa también la cabeza. Y tratándose de noviazgo, una relación que tiene que derivar en matrimonio (para eso es el noviazgo) tienes que tomarte tiempo para encontrar a la persona correcta para ti. Por eso, tenemos que procurar que la relación comience con una amistad sincera que nos permita conocernos sin presiones.

Un dicho que me parece muy acertado dice: *"no te cases con nadie a menos que hayas pasado un verano y un invierno juntos"* Conocer al otro y establecer una relación lleva tiempo, tiene que madurarse. No surge de un día para el otro.

Los adolescentes de ahora son confrontados por los principios del relativismo que incluye las drogas, el alcohol, el sexo y el vocabulario obsceno. Te dicen que el sexo es natural, y que se puede experimentar sin una relación duradera, que el amor "es libre", que es parte del sentimiento el amor.

Como parte de la cultura del momento, los jóvenes ven el sexo libre como algo natural y practicarlo fuera del matrimonio se ha convertido en la norma en las relaciones de hoy. Sin embargo, muchos han adherido y siguen valorando el mantenerse en santidad hasta el matrimonio, lo que a la larga les redunda en mucha paz, gozo y satisfacción. Pero también es verdad, que para los que han cedido a la tentación de tener relaciones sexuales fuera del matrimonio, la gracia de Dios es el máximo regalo de esperanza. En los dos casos, es precioso poder someter nuestra sexualidad a Dios. ¿Estás valorando esa gracia abundante en tu vida?

Los solteros que anhelan contraer matrimonio, deberían entender que parte de la elección es guardarse totalmente para él o ella hasta llegar al altar.

"Enamórate de alguien que te ama más de lo que te desea; el deseo se acaba, el amor permanece."

Aunque la sociedad de consumo distorsiona el verdadero significado del sexo y lo pervierte tanto en la televisión como en la proliferación de la pornografía, en revistas y ahora por Internet, la Biblia ordena huir de la inmoralidad. Joven querido, consérvate puro, no te dejes "embaucar" ni que se aprovechen de tu ingenuidad. Debes recordar que las relaciones para toda la vida, no se edifican así nomás a la ligera. Si quieres construir algo verdadero, con metas reales, tienes que poner cimientos firmes. Tienes que vivir en decencia moral y pureza sexual. Y es fácil que influenciado por lo que ves, caigas en muchos errores. Lo que contribuye a la unión permanente es el compromiso y el consentimiento previo de los participantes que intentan librarse de "caer en la tentación" de los "ensayos amorosos".

El apóstol Pablo da consejos sobre este tema en 1ra. Tesalonisenses 4:38; 1ra. Corintios 6:18; y 2da. Corintios 6:14-16.

El matrimonio es como un "obsequio muy especial", es como un paquete envuelto con ternura. El "obsequio especial", que es el sexo, tiene que ser reservado para el día o la noche nupcial. Abstenerse de las relaciones sexuales antes del matrimonio es sano, provechoso y santo. No está de más repetir, que por no ser cuidadoso en esto se cometen errores.

La etapa de cortejo, ese tiempo antes de concretar un noviazgo, está cargado de emocionalidad, el o la joven necesitan agradar a la persona que les gusta, tratan de vestirse de una manera especial, de llamar la atención, coquetean, tratan de ser simpáticos. Es muy fuerte la influencia de los anuncios publicitarios, las revistas de modas, las tendencias que favorecen conductas provocativas en todos los órdenes, las publicidades que incitan a los vicios y a las adicciones. Lo que la Biblia llama *" los deseos de la carne, los deseos de los ojos y el ansia de obtener todo lo que uno desea"*

Por eso, si amas a Dios tienes que decidir entregar tu

cuerpo como instrumento a su servicio. Y no permitir que la tentación te lleve a tomar caminos equivocados. En 1 Tesalonicenses 4: 3-8 el Apóstol Pablo te anima a abstenerte de los deseos pecaminosos.

Si ya has tenido la experiencia de forjar una amistad que terminó en noviazgo, acordarás conmigo que hay ciertos pasos que hacen que la relación prospere y se haga cada vez más recíproca en los afectos y la felicidad que supone ir compartiendo metas y un destino en común.

Como dije anteriormente, la pareja no tiene por qué entregarse demasiado pronto. Los encuentros no deben empujarlos a entregarse; hay que esperar hasta conocerse mejor. No dar ocasión, en cuanto sea posible a exponerse a la tentación de tener sexo antes del matrimonio, pues las consecuencias, muchas veces luego no pueden subsanarse.

A nivel social, aunque ahora se vea como algo normal, se considera peor que la mujer pierda su virginidad antes de casarse, aunque la virginidad y la santidad cuentan a los ojos de Dios tanto para el varón como para la mujer. Y además hay que considerar el tema de la maternidad o paternidad prematura. Esto de por si, puede trastocar los planes de los jóvenes en cuanto a su porvenir, al abandono de sus carreras, por tener que hacerse responsable por la llegada de ese hijo o de la soledad y del sentimiento de abandono de la mujer si el muchacho no asume su rol.

Se ha hecho popular la idea de que uno no debería entrar al matrimonio sin poder probar que el otro "es bueno en la cama". Esa presión lleva a muchos jóvenes al "ensayo amoroso," es decir, los jóvenes quieren "acostarse", acto que simplemente no tiene relación alguna con el amor verdadero.

Puede que los muchachos no entiendan lo que Dios tiene para ellos en el futuro, planes preciosos para su sexualidad y después para su matrimonio. Evita enredarte con lo mundano, con aquello que viene promocionado por la mugre sensual y las imágenes sucias que hacen que menosprecies tus valores.

"No despertarán al amor hasta que llegue el momento apropiado".

—CANTAR DE LOS CANTARES 8:4B

Puedes estar completamente seguro de que: *"si buscas el reino de Dios con fidelidad, si lo buscas sobre todo lo demás, se te darán todas las demás cosas"* (S. Mateo 6:25-33).

El amor conlleva una capacidad, la de poder brindar lo que uno tiene; aportar a otra persona lo mejor y buscar su máximo beneficio. Contrariamente a lo que vemos hoy en que cada cual busca lo suyo. Para que una relación, cualquiera que sea tenga éxito, debes renunciar a ti mismo y brindarte por completo. El amor verdadero surge de una respuesta al amor de Dios, por amarlo con todo tu corazón, mente y fuerzas.

Son cualidades que el joven todavía no está preparado para asumir, para ser constante en la relación, para hacerla duradera, porque tiene que concentrarse en lo que en ese momento debe ser su formación profesional. Las inseguridades que a veces las relaciones juveniles provocan lo desenfocan y lo harán fallar en conseguir la excelencia. Por eso, se aconseja que el tema del noviazgo se encare en lo posible, una vez que los estudios hayan concluido. Aún así, es sano ponerse bajo el escrutinio de terceras personas, para que nos ayuden a saber si la elección de compañero de vida es acertada y espiritual. Yo apliqué este principio del "escrutinio de las terceras personas", y mi esposa y yo ya hemos vivido felizmente casados durante 40 años y hemos sido de inspiración a otras parejas.

Tómate tiempo para conocer a la persona antes de pedir tener una relación con ella. Fíate si te trata con respeto y dignidad. Fíjate como es en su casa, como trata a sus padres, a sus abuelos. No creas que si no es respetuoso/a con su familia, lo será contigo. No puedes cambiar a nadie. Algunos jóvenes caen en el error de pensar que serán los salvadores de los que aman, que podrán cambiarlos luego, eso no es así.

Lamentablemente, como dije, hay muchos jóvenes que consienten a entregarse físicamente antes de casarse. Esto no es útil ni les hace bien. Hay muchas personas que sufren en palabras y en acción el rechazo o la traición, que terminan teniendo un colapso interno, y por consiguiente, tienen que descubrir cómo salir de esa horrenda situación cuando se "acabó el amor" o fue "pasión de una noche". Jóvenes que quedan conectados afectivamente con personas que nos les convienen.

Lo que tendrías que hacer es si has quedado atrapado en una relación insana es:

Primero, trata con todo tu corazón de deshacer y cortar esa conexión sentimental; los lazos mentales, emocionales y relacionales con esa persona.

Segundo, decide no ver, ni estar cerca de esa persona por lo menos "seis meses".

Tercero: pídele al Señor que corte todo lazo espiritual, sanando la decepción y las heridas; ora para que tus sentimientos sean limpios y se restaure tu capacidad de amor.

Muchos jóvenes están "atados soportando ultrajes y

burlas". Confía en Dios, que Él entiende tus temores. El perdona tu faltas y como dice la Biblia, "con la sangre de Cristo quedará limpia tu vida, restaurada tu persona", para entrar en la etapa de completa libertad de "esa trampa".

Todo quedará bajo el perdón, pues tú le diste la oportunidad a Dios. Invita a Cristo a ser parte de tu vida y se restaurará tu esperanza.

Como dice Romanos 15:13:

"y el Dios de esperanza les llene de todo gozo y paz en el creer para que abundéis en esperanza por el poder del Espíritu Santo".

Estas palabras te ayudarán:

El enamoramiento pasajero es un deseo momentáneo: un conjunto de sensaciones que llama a otras sensaciones..

El amor verdadero, en cambio, es una amistad que ha echado raíces y crece día a día.

El enamoramiento pasajero se caracteriza por un sentimiento de inseguridad. Hay dudas que inquietan, detalles del ser amado que preferimos no examinar muy a fondo. Estamos emocionados e inquietos, pero no somos genuinamente dichosos.

El amor verdadero es la comprensión serena y la aceptación madura de las imperfecciones del ser amado. Es real, nos fortalece. Crece más allá; pero próximo o lejano, sabemos que es nuestro y podemos esperar confiadamente.

El enamoramiento pasajero dice: Cásate ya. No corras el riesgo de perderlo a él o perderla a ella.

El amor verdadero aconseja: Ten paciencia. No te asustes. Él o ella, te pertenece. Puedes hacer planes y confiar en el futuro.

El enamoramiento pasajero carece de confianza. Cuando uno de los dos se ausenta, pensamos que nos va a engañar. A veces, incluso, deseamos vigilarnos el uno al otro.

El amor verdadero significa confianza, plena confianza. El ser amado siente esa confianza. Nada los amenaza.

El enamoramiento pasajero nos impulsa a hacer algo de lo que más tarde nos arrepentiremos.

El amor verdadero nos hace levantar la frente, pensar en los altos valores morales y espirituales. Nos convierte en mejores personas. Ann Landers. Traducido y adaptado por el autor.

Doce pasos para toda la vida

El Dr. James C. Dobson, en el libro, *Amor para Toda la Vida*, cita a los doctores Joy y Morris, quiénes enumeran doce pasos que se dan en conexión con el desarrollo de "amistad del amor verdadero" y durante el noviazgo.

Una mirada al cuerpo. Una simple vista puede revelar algo del sexo: La forma, edad, personalidad y el estatus de la persona. La importancia que la gente da a estos criterios determina qué tanta atracción tenga o no tenga el uno para el otro.

Una mirada a los ojos. Esto ocurre cuando un hombre y una mujer que se conocen, intercambian miradas; pero su relación más natural es mirar en otra dirección, por lo cual generalmente (se sienten a gusto o se sienten inseguros) Si sus ojos se encuentran de nuevo, es posible que sonrían, lo cual es señal de que quizás les gustaría llegar a conocerse.

El contacto de la voz. Las primeras conversaciones de

la pareja son comunes e incluyen preguntas como estas: "¿Cómo te llamas?" "¿Dónde trabajas?" Durante esta larga etapa los dos aprenden mucho acerca de las opiniones de otro, los pasatiempos, las actividades, las costumbres, las cosas que les gustan y las que no les gustan. Si ambos se entienden, se hacen amigos.

El contacto de las manos. La primera vez que se produce el contacto físico entre la pareja, suele ser una ocasión que no es romántica, como cuando el hombre ayuda a la mujer al bajar de un escalón o a salvar algún obstáculo. Hasta ese momento cualquiera de los dos puede retirarse de la relación sin rechazar al otro. Sin embargo, si continúa, el contacto de sus manos se convertirá finalmente en una evidencia del lazo romántico que ya hay entre ellos.

La mano en el hombro. Este abrazo cariñoso aún está libre de compromiso. Es la clase de abrazo de "buenos compañeros", en el que el hombre y la mujer están uno al lado del otro. Se encuentran más preocupados por el mundo que está enfrente de ellos que por ellos mismos. El contacto de la mano con el hombro revela una relación que es más que una amistad íntima, pero probablemente no se trate del verdadero amor.

La mano en la cintura. Como esto es algo que normalmente dos personas del mismo sexo no harían, es un gesto claramente romántico. Los dos están bastante cerca uno del otro como para compartir secretos o mantener una conversación íntima. Sin embargo, mientras caminan lado a lado, cada uno con la mano en la cintura del otro, aún están mirando hacia adelante.

Cara a cara. Esta clase de contacto incluye mirarse a los ojos, abrazarse y besarse. Si ninguno de los pasos anteriores fue omitido, por medio de esta experiencia el hombre y la mujer habrán desarrollado una manera especial de comunicarse profundamente con muy pocas palabras y así llegar a un factor importante en la relación.

Caricias en la cabeza. Esta es una extensión de la etapa anterior. Los dos se acarician la cabeza mutuamente mientras se besan o cuando están hablando. Casi nunca las personas le tocan la cabeza a alguien, a no ser que exista una relación romántica o sean miembros de la misma familia. Eso es una expresión de intimidad emocional.

Los pasos del 9 al 12. Los últimos cuatro pasos de este proceso de enlace emocional son claramente sexuales y privados. Es la *mano en el cuerpo* (9). *La boca en los senos* (10). *Tocar debajo de la cintura* (11). *La relación sexual* (12). Es evidente que estos últimos actos de contacto físico deben reservarse para la relación matrimonial, ya que son progresivamente sexuales y sumamente privados.

Dobson, James, "Amor para Toda la Vida" p 27-29 Editorial Betania, 1990.

CAPÍTULO IX

EL PACTO MATRIMONIAL NO SE IMPROVISA

La pareja se casa para gozar de la satisfacción de servir juntos al Señor, compartir la vida como si fueran uno. ¡Casarse con tales fines, sí vale la pena!

El hombre y la mujer, edificados en el respeto mutuo, se complementarán el uno al otro porque el diseño del hogar, según la Palabra de Dios, nos permite andar juntos en la misma dirección.

El amor es más que palabras bonitas; debes conocer mejor acerca del estado espiritual, emocional, físico, intelectual y moral de la persona con quien quieres formar la relación.

Ambos irán dispuestos a través de los votos matrimoniales frente al ministro y dirán el uno al otro: "Quiero tomarte a ti, para ser tu esposo (a), para vivir contigo, conforme a lo ordenado por Dios en el santo estado del matrimonio".

Y allí, entre sí, comprometerán sus votos de amor incondicional diciendo: "Prometo amarte, honrarte, consolarte, someterme a ti y cuidarte; en tiempos de salud o enfermedad, en tiempos de prosperidad o en escasez".

Se hacen una promesa para toda la vida: "Prometo conservarme exclusivamente para ti, mientras viva".

Y luego, el sello indestructible: "Con este anillo te desposo, uniendo contigo mi corazón y mi vida."

Pero el alto propósito del matrimonio no puede ser cumplido sin la siguiente condición básica:

Exclusividad:

Una buena relación tiene que ser exclusiva, es decir, ella impide en todo sentido que se comparta la intimidad con otra persona porque eso violaría completamente el propósito y la cálida o tierna confianza que siente el uno por el otro. Cuando se ama en forma profunda y exclusivamente a su pareja, no hay temor de infidelidad ni de que se disuelva o se desintegre la familia. Por supuesto, la voluntad de Dios es salvar el matrimonio; no disolverlo.

Uno de los fundadores más prominentes de todos los tiempos en sociología, y principios de la psicología, el francés Auguste Comte dijo: "El matrimonio no puede alcanzar su objetivo principal, que es el perfeccionamiento recíproco de los esposos, si no es exclusivo e indisoluble".

Claro, para que esto suceda es necesario, desde luego, saber que estamos en este mundo para desempeñar un propósito único que es el de glorificar a Dios y servir a nuestros semejantes. Los cónyuges estarán de acuerdo en vivir en amor y fidelidad a los votos y juramentos hechos.

Tenemos matrimonios débiles e inestables, cuasi descartables, por la falta de la presencia de Dios en el hogar; en la ignorancia de las normas ordenadas por Él y consecuentemente por la práctica de los fundamentos básicos que deben regir en el matrimonio.

Con mi esposa, estamos por cumplir cuarenta años de matrimonio. Desde los primeros días de vida conyugal hemos aprendido como pareja que es necesario una entrega completa del uno hacia el otro. Voluntariamente en la entrega se consigue la delicadeza de la relación en sumisión recíproca.

PRUEBAS PARA CONFIRMAR LA VOCACIÓN

Como un privilegio de cada momento.

La mentalidad de Dios es de excelencia y desea que, a través de las circunstancias que se te presenten, puedas superarte. El mira que vayas asimilando sus enseñanzas, quiere probar tu corazón para ver si le eres fiel y lo que es grandioso, quiere que tu fe crezca y tu confianza en que El estará siempre contigo ayudándote. Si hay una persona que desea tu progreso, ese es Dios. Muchas veces guarda silencio cuando estás en una prueba para saber si seguirás poniéndolo en primer lugar y buscando su consejo. El desea saber si le tienes plena confianza.

¿No sucede lo mismo que con nuestros maestros en la escuela? Si te están tomando un examen permanecen en silencio, observando, si estás concentrado en contestar las preguntas o si estás distraído o tratando de copiarte las respuestas.

Así es Dios; nos busca y está cercano para enseñarnos y para que lo conozcas en el espíritu como alguien sobrenatural, excelente, sobresaliente y distinguido.

Si eres perseverante, el día de tu graduación será de un día de mucho gozo, de realización, de ver que esos talentos naturales que el Señor te dio, combinados con tus esfuerzos para ser mejor, lograron que llegues a tu meta. Y en eso Dios ha colaborado al darte inteligencia y también lo han hecho con su aporte tus padres y maestros, ¡No dejes de darles las gracias!

¡Alcanzar lo mejor tiene que ser tu propósito!

¡En realidad Dios hará que lo vivas!

Pablo, el apóstol de la iglesia cristiana primitiva les escribió a sus lectores y les propuso *"un camino mejor"*.

Les dijo: *"les muestro un camino más excelente"* (1 Corintios 12:31).

Pablo les mostraba el modelo al cual todos podemos aspirar: lo que es extraordinario.

Dios ha puesto ese potencial en ti. Por eso, enfócate en lo que tienes por delante, en el futuro que sueñas para tu vida.

¿Qué puedes decir de tu disciplina académica? En este sentido hay muchas cuestiones que son una necesidad de interdependencia: "mejoren el tiempo de lectura, estudien mucho más el material, lean muchas páginas y sean especialistas en lo suyo hasta llegar a ser sobresalientes."

Pero si en vez, no haces más que excusarte diciendo: "no tengo interés, las materias me aburren, demasiadas exposiciones, seguro que no me graduaré, etc." O tal vez, dices "mis compañeros de clase me excluyen de la tarea" podría preguntarte: ¿quieres ser parte del plantel de los más sobresalientes? Tienes que esforzarte no solo desearlo. "Del dicho al hecho hay largo trecho." Simplemente, no podemos tratar este tema en forma superficial.

Algunas veces no valoramos el tiempo de formación como una etapa de privilegio. Si bien es difícil tener que estudiar materias extensas como la historia, o la sociología, por no decir complicadas como el cálculo o las matemáticas, tienes al menos la posibilidad de acceder a una carrera secundaria o universitaria, privilegio que no está al alcance de todos.

Por supuesto, el conocimiento no se logra "con la cabeza en la almohada", durmiendo. Es necesario que te disciplines, te propongas un horario para levantarte y el tiempo que vas a dedicar al estudio.

¿Valoras cuando te motivan a dar lo mejor de ti? A veces nos puede molestar que nos insistan a dar lo mejor cuando lo que sentimos es impotencia porque nos supera lo que tenemos que estudiar, pero ¡no te desanimes! Siempre podemos determinar dar lo mejor de nosotros. Vas a encontrar la respuesta a tus preguntas, incluso al margen de las variantes que te impongan los profesores. Si fallas en algo, puedes volver a intentarlo hasta la victoria.

Vas a llegar a ser excepcional, distinguido y excelente. Vas a sobresalir legítimamente, asegurando tu graduación; y esto, en cualquier lugar donde estés.

¿Cómo lo lograrás? Siendo diligente con tus estudios, tomando notas en clase, investigando en casa, buscando recursos en donde los haya.

Esto lo digo siempre: "hay que mirar el estudio cara a cara, frente a frente aprovechando las oportunidades, demostrando disciplina, esfuerzo e interés.

¡Vas rumbo al éxito! Un tremendo desafío que todos

deberíamos aprovechar. Lamentablemente no todos lo entienden así.

Algunos jóvenes se sumergen en la apatía y la desidia, se pierden en ensoñaciones vanas, están distraídos, sin motivación para el estudio, entonces no cambian ni mejoran.

¿Qué puede hacer el maestro? Les motivo a pensar en su propia situación, en sus avances en la disciplina educativa, sus sueños en lo que creen que será la carrera que desean.

Mi motivación al escribir este libro es unir mi trabajo junto al de los docentes para animarlos a todos a impartir la mejor clase para que los alumnos puedan ser buenos oyentes, sean abiertos y atentos.

El objetivo es que triunfes a partir de la educación que recibas y desarrolles los dones que tienes. Así que cuando se presentan desafíos en tu carrera, se ponen a prueba tus capacidades intelectuales. Pero algunos jóvenes son solo teóricos, no ponen en práctica las enseñanzas que van aprendiendo, creen que perderían espontaneidad si se ponen serios y responsables. Quieren satisfacción inmediata, no asumen ninguna negación o frustración, ni ningún sacrificio. Se dice que " el conocimiento es poder".

En este caso "conocimiento" es estar informados por

medios académicos. Pero no puede ser una orientación teórica "sin valores".

¡El conocimiento unido a los valores y aplicado es poder! Debieras preguntarte, la preparación que estás siguiendo te llevará a ser excelente, a ser sobresaliente y a ser distinguido en la carrera sin escapar de la realidad? Y sobre todo, recordar que el éxito en la vida no se mide por lo que logras con facilidad, lo que no te cuesta, sino por los desafíos que superas en cada momento en el que decides ir más lejos.

"Si quieres evitar resultados indeseados no sigas indiferente, con eso no logras nada."

En mi rol de motivador llevo a los estudiantes a considerar este modo de pensar que tiene que ver con tomar conciencia de la inversión que están haciendo en su futuro.

CONCLUSIÓN

¡Qué el Señor te ayude a comprender todo lo aquí expuesto!, ¡El Espíritu Santo te motive a entregarle tu corazón y su afecto a Cristo!

En el libro más maravilloso jamás escrito en la historia, la Biblia, puedes encontrar las mejores alternativas para la vida; sus enseñanzas previenen fracasos y te sugiere caminos hacia una vida con éxito y felicidad.

Las Escrituras dicen:

"Acuérdate de tu Creador en los días de tu juventud" *(Eclesiastés 12:1a).*

Responde a tu Creador así:

"Porque tú formaste mis entrañas. Tú me hiciste en el vientre de mi madre estoy maravillado, y mi alma lo sabe bien" (Salmo 139:13-14).

Recuerdo algo muy impresionante, al mismo tiempo

muy lamentable que sucedió en Caracas, Venezuela. Es la historia de un hijo que se formó viendo ejemplos de la calle, y,...por lógica fue a parar a la cárcel. Estando allí, era su madre quien le visitaba y se esforzaba en obtener suficiente dinero para que saliera en libertad. Lo increíble fue, que un día en una de las visitas de su madre, el chico le pidió: -*"Mamá tengo que decirte algo, acércate a la reja"*-, confiada la madre, le acercó su oído, el joven le arrancó de un mordisco parte de la oreja…, y gritaba desesperado: *"Tú nunca me corregiste, tú no me oíste, nunca tenías tiempo para mí"*.

Ciertamente esa pobre madre se había ocupado de vestirlo y alimentarlo…, pero, no pudo inculcarle los valores de la convivencia ni orientarlo espiritualmente.

Joven, que Dios te ilumine para que no elijas caminos equivocados, sino te nutras de buenos ejemplos para no terminar como ese muchacho.

Que este texto a continuación te permita reflexionar:

"Te dí vida, pero no puedo vivirla por ti;
Puedo enseñarte muchas cosas, pero no puedo obligarte a aprender.
Puedo dirigirte, pero no siempre estaré para guiarte.

Puedo darte libertad, pero no responsabilizarme por lo que haces con ella;

Puedo llevarte a la iglesia pero no puedo obligarte a creer.

Puedo instruirte en lo malo y lo bueno, pero no puedo decidir por ti.

Puedo comprarte un traje hermoso pero no puedo hacerte hermoso por dentro.

Puedo ofrecerte consejos, pero no puedo ponerlos en práctica por ti.

Puedo darte amor, pero no puedo obligarte a aceptarlo.

Puedo enseñarte a compartir, pero no puedo forzarte a hacerlo.

Puedo hablarte del respeto, pero no puedo exigir que seas respetuoso.

Puedo aconsejarte acerca de las buenas amistades, pero no puedo escogértelas.

Puedo educarte acerca del sexo, pero no puedo mantenerte puro.

Puedo hablarte acerca de la vida, pero no puedo edificarte una reputación.

Puedo decirte que el licor es peligroso, pero no puedo decir no por ti.

Puedo advertirte acerca de las drogas, pero no puedo evitar que las uses.

Puedo amonestarte en cuanto al pecado, pero no puedo hacerte una persona moral.

Puedo amarte como niño, pero no puedo colocarte en la familia de Dios.

Puedo hablarte de Jesús, pero no puedo hacer que Jesús sea tu Señor.

Puedo explicarte cómo vivir, pero no puedo darte vida eterna".

—Autor desconocido

Te felicito por haber leído este libro hasta el final, escrito especialmente para ti y ahora que lo has leído, compártelo con un amigo.

¡Él te lo agradecerá! Lo ayudará como espero te haya ayudado a ti a poner en claro tus pensamientos y actitudes.

La Palabra de Dios es la luz de la vida, y hasta el día de hoy todos los que están dispuestos a seguir el inteligente camino de la obediencia, entran en una unión personal con el Señor, su Salvador que se despojó de su gloria y entregó Su vida para que tengan una nueva! Él es tu esperanza ya que si le perteneces, entiendes para quién y por qué vives y disfrutarás de la vida abundante que te ofrece.

"Al que nos amó, y nos lavó de nuestros pecados con su

sangre, a Él sea la gloria e imperio por los siglos de los siglos. Amén".

—APOCALIPSIS 1:5-6

Te invito ahora a explorar el universo del infinito amor de Dios, para que aceptes la realidad de la gracia que perdona todo tu pasado y te eleva para que puedas alcanzar sus promisorias promesas para tu futuro.

Dios no cambia. El es excelente, sobresaliente y distinguido, y como su hijo también lo eres.

En Cristo está la salvación. Recíbelo. Él quitará la venda de tus ojos y podrás vivir en amor, devoción y lealtad. Y si esta es tu decisión quiero felicitarte. Serás guiado por la luz de Su presencia.

SOBRE EL AUTOR

John Korszyk, M, A, M.Div. Consejero Matrimonial: John es un hombre preparado para servir. Escribe como habla y vive como escribe. Tuvo su entrenamiento para el ministerio en varios Seminarios de Educación Superior Teológica.

Su perspectiva traspasa los linderos de la denominación cristiana. Ha sido pastor, misionero, evangelista y consejero. Es graduado del Fuller Theological Seminary de Pasadena, California, donde obtuvo la Maestría en Arte en Teología. Y también, Maestría en Divinidad en Asesoramiento Matrimonial y Cuidado Pastoral. El profesor Korszyk es fundador y presidente de VOZ DE LA FAMILIA (Voice of the Family Ministries, Inc.) Su mensaje es de mucho estímulo, de esperanza y restauración a la familia. Por más de 35 años ha viajado por América Latina, enseñando y predicando el evangelio de Jesucristo en charlas motivacionales en Colegios y en las Universidades.

John nació en la república del Paraguay en el año 1952, creció en Argentina, pero ahora, es ciudadano americano. Su descendencia es de familia y cultura europeas. Sus padres nacieron en Rusia y emigraron a Paraguay antes de la segunda guerra mundial.

Ahora reside en los Estados Unidos; está casado con Ester Mabel, quien es cantante. Tienen tres hijos: David Ivan, Jonathan Eric y Deborah Lynn.

Para más información, llamar:
Teléfono:(562)556-0620
E-mail: voice4you@int7.com
www.vozdelafamilia.org

Esperamos que este libro
haya sido de su agrado.
Para información o comentarios,
escríbanos a la dirección
que aparece debajo.

Muchas gracias.

PENIEL
info@peniel.com
www.peniel.com